「爱育精彩」丛书

不一样的老师 I

张胜辉 主编
陈向芳 副主编

中原出版传媒集团
中原传媒股份公司

大象出版社
·郑州·

图书在版编目(CIP)数据

不一样的老师.Ⅰ/张胜辉主编.—郑州:大象出版社,2018.5(2019.2重印)
("爱育精彩"丛书)
ISBN 978-7-5347-9814-6

Ⅰ.①不… Ⅱ.①张… Ⅲ.①小学教育—文集 Ⅳ.①G62-53

中国版本图书馆 CIP 数据核字(2018)第 102062 号

不一样的老师　Ⅰ

BUYIYANG DE LAOSHI　Ⅰ

张胜辉　主编

出 版 人	王刘纯
责任编辑	梁金蓝　连　冠
责任校对	李婧慧　安德华　倪玉秀
装帧设计	王莉娟

出版发行	大象出版社(郑州市郑东新区祥盛街 27 号　邮政编码 450016)
	发行科　0371-63863551　总编室　0371-65597936
网　　址	www.daxiang.cn
印　　刷	洛阳和众印刷有限公司
经　　销	各地新华书店经销
开　　本	787mm×1092mm　1/16
印　　张	20.75
字　　数	278 千字
版　　次	2018 年 5 月第 1 版　2019 年 2 月第 2 次印刷
定　　价	46.00 元

若发现印、装质量问题,影响阅读,请与承印厂联系调换。
印厂地址　洛阳市高新区丰华路三号
邮政编码　471003　　　电话　0379-64606268

序

"张校长,今天下午我给孩子班级上了家长讲堂,讲了机器人的一些知识,孩子们听得非常认真,感觉真好!下次有机会,我会再来!"一位家长激动地发信息给我。

"今天,我也客串一次老师,当老师还真不容易!"微信朋友圈里的家长晒出了自己第一次上课的感慨。

"为了这次家长讲堂,孩子给我提了很多建议,还自愿当起了我的学生。每次练习,她都为我加油打气!今天我上课,发现她是那么自豪。"家长的讲课心得里,流露出给孩子做榜样的幸福。

周五的家长讲堂,让孩子们有了不一样的期待,让家长有了不一样的体验。不一样的老师,从此与学校共同成长。

家长讲堂缘于2009年与朋友的一次交流:朋友是当地小有名气的农业专家,因为经常在田间做各种科研,忽视了对孩子的教育和陪伴,孩子对他产生了极大误解。他想给孩子们上节课,讲讲农业知识,讲讲自己的工作。"这个提议不错!"我马上就联系了班主任,安排好时间,邀请朋友走进课堂。一节课后,朋友激动地对我说:"没想到啊,我竟然成了他们的偶像!孩子的同学都说庄稼地里竟然有这么多有趣的知识,都羡慕他有一个知识丰富的爸爸。"一节课,让孩子对他、对他的工作有了新的认识,增进了父子感情。

朋友的感受让我突然意识到，如果让更多的家长走进教室，站上讲台，面对自己的孩子，面对全班学生，既展示了自己的风采、增进了亲子关系，又能体会和理解教师工作的辛苦和不易，促进家校合作，这不就是家校合作的一个渠道吗？

有想法即开始行动，我召集学校中层领导、年级长、班主任开会研讨家长讲堂的可行性：家长越来越年轻化，他们具备了良好的学习能力、课程决策与实施能力，并且有参与学校课程设置的意愿。我们统一了认识，将不同职业的家长作为学校的一项课程资源引入。

从2009年至今，每个周五下午最后一节课，成为固定的家长讲堂时间。每学期的第一次家长会，家长申报讲课的时间和主题，班级列出本学期的安排表，家长按计划如约进班上课。

不一样的老师带来的教育资源让我们惊叹！家长们结合自身职业特点、兴趣特长，内容涉及环保、安全、科普、艺术、法制、民俗等多个领域，似百家讲坛，魅力无穷。微信群里的分享总能让我们耳目一新：书法、魔术、糕点制作、瑜伽、认识粮食作物、科学实验等。

一个平台，给孩子带来广阔的知识和开阔的视野，带来不一样的学习视角和成长体验：生活不只是这样或者那样，而是有很多的可能。

不一样的老师和孩子们一起成长。因为走进课堂，走近孩子，所以懂得孩子，理解教育，理解最好的父母是做孩子的表率。而懂孩子、会教育、做表率，正是我们引领家长要追求的目标。

不一样的老师成为学校课程的开发者、参与者、实践者。从最初参与家长讲堂，到现在和孩子们一起开发主题研究课、参与戏剧课程、实施家本课程等，他们的融入让学校教育充满新的活力和动力。

时间记录着成长，不一样的老师和我们一起走过孩子的童年，在每个人的生命里，播下爱的种子。一个孩子，小学六年，200多次家长讲堂累积的所见、所思、所感就是我们送给他的成长礼物。

如今，家长讲堂已走进更多的兄弟学校。让我们为更多不一样的老师加油、点赞！我们的教育因为你们将更加精彩！

北京第二实验小学洛阳分校校长　张胜辉

目 录

生活百科

我爱我的职业 ... 2
你的姿势正确吗? ... 7
做个理财小能手 ... 14
小小美食家 ... 19
交流沟通撕纸游戏 ... 22
关爱牙齿，从细节开始 ... 24
端午节及六一儿童节的由来 ... 28
小猪变形记 ... 30
我们的动画片 ... 35
同学，我爱你 ... 41
汉字 ... 47
"电"的知识 ... 53
中国传统用餐礼仪 ... 56
诚实的花朵 ... 61
认识钱币 ... 67
保护地球环境 ... 72
甜蜜的诱惑 ... 76
认识我们的土壤 ... 82

低碳出行　从我做起	84
中国军魂	88
屁	92
食物中的营养	95
我爱家乡——洛阳	100
养成传统好习惯　争做优秀小学生	107

植物王国

种子的生长过程	112
植物的秘密	116
奇妙的植物	121
植物王国	125
奥妙植物趣谈	129
种子的旅行记	135

动物乐园

可爱的动物	142
国宝动物	146
神奇的蚂蚁	151
恐　龙	156

生命安全

远离踩踏　珍爱生命 ... 162

安全小故事 ... 168

安全教育记心间 ... 173

小学生安全常识教育讲堂 ... 177

铁路交通安全教育 ... 182

认识"110""120""119" ... 186

儿童安全教育——耳鼻喉 ... 187

小学生食品安全知识 ... 189

校园安全 ... 193

玩转手工

做灯笼 ... 200

手绢折老鼠 ... 206

美丽的桃花手工黏土画创作 ... 211

青　蛙 ... 214

科创空间

空气的力量 ... 216

食物的旅行 ... 217

一口吞掉鸡蛋的牛奶瓶 ... 220

饮料揭秘实验 ... 224

让我猜猜你叫什么名字 231

神奇的杠杆 238

舰船知识　壮我雄心 242

地球公转与自转 246

认识地球 247

穹顶之上 249

有趣的浮力实验——漂浮的鸡蛋 252

潜水艇的秘密 256

有趣的小实验 261

地球、太阳和月亮 264

中国航母梦想 266

身边的气体 269

心存感恩

感恩父母 274

孝心和感恩心是智慧和幸福的源泉 277

知识启蒙

数学中的美 284

快乐英语拼读 ABC 288

Five Little Monkeys Jumping on the Bed 289

认识音符 293

小学生口才表演..................................295
音乐欣赏——静听天籁..........................301
认识世界地图..................................305
神奇的化学实验................................308
我爱人民解放军................................310
中国青铜器艺术与欣赏..........................314

生活百科

我爱我的职业

授课班级：美茵校区　一（4）班　　家长姓名：吕红梅　　学生姓名：李宁远

家长简介：

吕红梅，教育机构联合创办人、美国正面管教注册家长讲师。"父母好好学习，孩子天天向上"是她对自己的要求。

授课主题：

我爱我的职业

教学过程：

1. 提问孩子们日常生活中吃、穿、住、行所需要的东西都是从哪里来的，从而引出对职业的认识。

2. 介绍常见职业类型，如环卫工人、建筑工人、厨师、理发师、警察、消防员、医生、护士、运动员、科学家、老师等。

3. 在PPT中展示出两位班主任的照片，问孩子们他们的职业是什么，重点介绍教师对孩子成长过程的影响和贡献。

4. 通过分享一段小视频，引出妈妈这一世界上最伟大的职业。

5. 让孩子们思考：为什么妈妈是这个世界上最伟大的职业和我们该怎么做来报答妈妈的爱。

6. 布置作业：回家为妈妈做一件事来表达你对妈妈的爱和感恩。

学生新知

徜徉在知识的海洋里

美茵校区 一（4）班 李林朔

我叫李林朔，是北京第二实验小学洛阳分校一（4）班的学生，我特别喜欢学校组织的家长讲堂，这个课程简直太精彩啦！每到周五下午，来自不同家庭、不同职业的家长，带给我们各种各样的知识和体验，让我们学习到了很多书本上没有的知识。

家长讲堂带领我们走进了奇妙的大自然，向我们介绍了万紫千红的春天，春天是花的海洋。有的家长介绍我们的城市——洛阳，作为"千年帝都""牡丹花城"，更是"唯有牡丹真国色，花开时节动京城"；有的家长还给我们讲了很多不常见的、奇妙的植物和动物。印象最深刻的是齐云露爸爸讲的"走进蜜蜂的世界"，蜜蜂们"采得百花成蜜后，不知辛苦为谁忙"，我们应该像辛勤的小蜜蜂那样，不辞辛苦地努力学习，成为一个有本领的人。

家长讲堂带领我们体验了美妙的科学世界。通过"恒星、行星和星系"的讲解，我们了解了地球并不孤单，太阳系中还有好多行星与它相伴呢。我们地球很幸运，有一个小卫兵在默默守护着它，它就是我们可爱的月亮仙子。王浩南妈妈精彩的化学实验，呈现给我们很多不可思议的现象，因此在课余时间，我还缠着妈妈到她的化学实验室做过液体变色实验呢。让我感到自豪的是，我的爸爸给我们讲述了奇妙的光的世界。最后的小魔术让我们全班同学都为之着迷。爸爸给每人发了一个小道具，大家不断尝试，乐此不疲。我长大了也要做一个科学家，但我的知识现在还太少，是不是会很难呀，需要加油加油！

家长讲堂教会我们保护自己、远离危险。爱自己就要从爱护自己的牙齿做起，作为牙医的朱叶子妈妈教我们如何刷牙。她告诉我们，每天都要坚持刷牙，这样才能保护好自己的牙齿。小朋友们，万一在外面你和家人走散了，你应该怎么做呢？我们应该记住爸爸妈妈的电话，不要轻易相信陌生人。要知道有事打110找警察叔叔帮忙。还有，我们课间玩耍的时候一定要注意安全，避免拥挤造成踩踏事故。对这一点我深有体会，上体育课时一名同学不小心把我的眼睛撞了一下，都肿成金鱼眼了，疼了好几天呢。通过家长讲堂，我还学习了防火的知识，现在我还能背下那首儿歌，"小朋友，不玩火，不让父母吃苦果；电风扇，莫瞎开，手湿不要去动电；不玩火，不动电，自我保护是关键；关键时，119，发生火灾不乱走……"

好了，想来想去，也就记住这些了。好像还有好多精彩的内容没有写出来呢，看来以后我要养成记日记的好习惯了！

家长热议

爱在飞扬，梦已起航

美茵校区　一(4)班　李高逸妈妈

要说我对家长讲堂的心得体会，得先从孩子的"精彩两分钟"开始讲起。我的孩子原本是一个内向的女生，喜欢而又害怕新鲜事物，从一口一个"妈妈，我不敢"，到"妈妈，我也想上台！"再到"妈妈，我还想上台！"在"精彩两分钟"的锻炼下，她变得主动、热情、积极。从第一次由我准备素材，她只用鹦鹉学舌般死记硬背，到第二次的自己构思，再到后来的自己加入动作和对游戏环节的设计，这种改变让我有一种更想亲近学校的冲动。

第一学期我一直在观察，第二学期看到家长朋友们积极报名，我心想可能大家经过上一学期的接触与磨合，都想更进一步地深入学校生活。

我清晰地记得，那天走进校园，迎上的是一群脸上洋溢着自信与快乐的孩子，当看到我时，他们纷纷驻足，"阿姨好！"伴着甜美而又有礼貌的声音,我的心情瞬间由忐忑不安变得阳光灿烂。上课铃响,孩子们迅速入座,看着那一张张认真的小脸,一个个坐姿端正的小身板,我信心倍增。课堂上,孩子们认真听讲,积极回答问题,老师在认真地记着笔记。

这次家长讲堂,我充分体会到学校的"爱育精彩",让我看到了精彩老师带出来的精彩学生、组织的精彩课堂,也让我走上了成为精彩家长的学习之路!

老师这样说

家长走进讲堂　激活榜样力量

美茵校区　一(4)班　李丹丹

2016年9月23日,迎来了我们班第一次的家长讲堂。

李致远爸爸精心准备的家长讲堂让孩子们听得津津有味,授课内容里父与子的对话告诉孩子什么是自尊、自律、自信、自强。孩子们踊跃回答问题,精彩互动让人忍俊不禁。最后致远爸爸向孩子们展示了自己参与研发的飞机和头盔的图片,孩子们个个兴奋不已,炯炯有神的眼睛里满是崇拜。

我一直在观察李致远,他从看到爸爸站上讲台的那一刻起,眼里就有藏不住的骄傲和自豪。听到同学们发出阵阵赞叹时,他更是开心地笑了起来。

"第一次站到讲台上,面对这么多孩子,还真有些紧张。一年级的孩子小,注意力不够集中,纪律性也不够好,这一次真的切身体会到了当老师多么不容易,就这一节课,我的嗓子都快哑了,老师,你们真是太辛苦了!"结束后,致远爸爸对我们这样说。随后,我们把致远爸爸讲课的内容及小视频发在了家长群里,致远爸爸也把自己的感受和家长们进行了分享。家长们纷纷表达了对致远爸爸的赞扬。

家长们说,孩子放学回到家都还在兴奋地给爸爸妈妈讲今天的家长讲堂,对致远爸爸敬佩不已。同时，孩子们也表达了希望自己的爸爸妈妈也站上讲台的愿望。在致远爸爸的示范下，越来越多的家长开始报名参加家长讲堂。

父母走进课堂，不但为孩子们带来新颖、有趣的课程，还激发了孩子们的学习热情。父母是学生成长中最重要的人，在家长精心备课直至走上讲台的过程中，孩子看到了父母认真负责、勤奋努力的一面，找到了自己学习的榜样，当看见同伴对自己父母充满敬佩时，孩子的自信心也会增加。在家长讲堂里，家长的榜样作用被放大，孩子们能够感受到家长的爱，并由此心生自豪感，努力上进、追求卓越的内心需求被激发出来。

家长到校讲课，环保、安全、科普、艺术等丰富的内容大大提高了学生的学习兴趣。对于孩子来说，多了一个认识社会的窗口；对于老师来说，增加了与家长沟通的机会；对于家长来说，则可以更多地了解学校的教学情况和孩子们的学习情况，这是一个多赢的局面。我们的家长讲堂，精彩继续……

你的姿势正确吗？

授课班级：美茵校区　一(6)班　家长姓名：郭琼　学生姓名：潘欣怡

家长简介：

郭琼，洛阳市涧西区教育局工作人员。作为教育工作者，她擅长课堂教育，也擅长为教师们答疑解惑。

教学过程：

一、以学生日常习惯导入

二、出示学习目标

三、正确坐姿讲解

1. 出示图片，学生观察图片，发表看法。同桌相互检查坐姿。

2. 观察图片，说说与"钟"的关系，引出"坐如钟"。结合儿歌，全班进行坐姿练习。

3. 学生表演坐姿，学生评价，老师进行引导。

4. 小挑战，读书姿势的训练，强调习惯养成。

四、正确站姿

1. 出示军姿图片，学生谈感想。

2. 出示松树，联系站姿，引导"站如松"，读儿歌，全班进行站姿的练习比赛，看哪组站得好，小组评价。

五、练习走

1. 学生自己走，老师相机评价。

2. 播视频，观察走姿，学生进行讨论。

3. 出示"行如风"图片，学生齐读儿歌。

六、活动小结，引出这样做的危害

1. 学生看图评价，并说出危害。

2. 出示这些危害都是哪些姿势造成的。

3. 医生的忠告。

4. 学生发言。

七、总结坐、立、行对我们的重要影响

八、布置课外活动

学生新知

家长小讲堂　传授大智慧

美茵校区　一（6）班　曾语诺

每周五下午的家长讲堂是我最期待的一节课。当老师面带神秘的笑容走进教室，我禁不住猜测起来，这节课又会是哪位家给我们讲呢？没错，这节课就是我们北京第二实验小学洛阳分校的家长讲堂。

"小朋友们，你们知道书是怎么做出来的吗？"先写好底稿，再审稿、编辑、校对，最后拿到印刷厂去一张一张印，再装订。刘萱姿爸爸的讲解让我认识到一本书的制作过程真的不容易，看来我们不仅要好好读书，还要爱惜书。"小小的铅笔是如何制造的？"通过杜欣冉妈妈的细心讲解，我们了解到整个铅笔的制作过程，铅笔芯的原料是石墨，制作铅笔的木料大部分来自雪松。原来，一支铅笔也有如此大的学问，难怪我削铅笔时，总觉得铅笔的木头特别松软，比平时所见的木头软多了。"龙门石窟的卢舍那大佛是根据武则天的形象雕塑的"，听了刘欣潼妈妈的缓缓叙述，我了解到龙门石窟是中国四大石窟之一，那些成千上万的佛像，一个个，一群群，显示了古代工匠巧夺天工的技艺，为后人留下了丰富的文化遗产，更让我体会到作为一

个洛阳人的骄傲和自豪。

瞧！我学到得多吧。这些都是我在家长讲堂上学到的知识，每位家长都是我们的老师，他们带给我们不同的感受，让我们收获到课堂之外的知识。课堂期间，我们一个个高举小手、认真思考、积极发言、互动问答，对讲解内容提出不同的见解，这些景象久久徘徊在我的脑海中，我热切期盼下一期叔叔阿姨带来的精彩讲堂呢！

不一样的课堂

美茵校区 一（6）班 孟文景

一年级的学习生活中，我感到对我影响最大、对我学习最有帮助的就是学校组织的各种丰富多彩的课外活动。戏剧节活动锻炼了我的表现能力，让我更加自信了；"读书三仕"评选活动督促我养成热爱阅读的好习惯；"一年四季主题研究"活动激发了我探索大自然奥秘的兴趣。不过，我最难忘的还是家长讲堂活动，因为这项活动是需要每位同学的爸爸妈妈来参与的，每到周五这天下午的家长讲堂时间，爸爸妈妈们就要像老师一样站在讲台上，给同学们讲解科技、历史、军事、消防、健康、礼仪等我们在课本上少见的知识，增长我们的见识。当老师最初宣布这项活动时，我的心情就格外激动，因为我的爸爸妈妈也能来家长讲堂给同学们讲课了，并且我想给他们一个惊喜，让他们看看我端正的坐姿、积极的发言、认真的思考，他们一定会很开心。

时间过得真快，就要轮到我妈妈参加家长讲堂了，虽然妈妈平常工作特别繁忙，但是妈妈对这次家长讲堂非常重视。她提前一个月就开始准备了，时常看到她晚上还在制作课件。她还告诉我，她从小就有一个愿望，就是长大了要当一名老师，去给那些生活在贫困山区里的小朋友们讲课，她觉得当个老师特别神圣。就在她讲课的前几天,还把大概内容给我讲了一遍,然后就一遍又一遍地重复问我:"你听懂了吗?我这样讲同学们能听懂吗?快给妈妈提提建议啊!"我好无奈地回答她:"能,能,能……没啥意见!"她好像总担心我们听不懂她讲的内容。在妈妈讲课的那天下午,她穿了一件灰白色的裙子,披着长长的黑发,特别漂亮,她讲课的主题是"爱的温暖",讲的是关于她的工作单位——洛阳市总工会开展的一些活动。妈妈先是带我们认识了工会会徽,然后分别从春、夏、秋、冬四个季节给我们讲解了工会开展的"送岗位""送清凉""送助学""送温暖"等爱心活动,让那些家庭生活困难的叔叔阿姨重新看到了生活的希望,坚定了他们战胜困难的信心。妈妈表现得很努力,课堂上的气氛也很活跃,同学们都争先恐后地回答问题,这让妈妈特别开心和意外。课后她就急忙对我说:"你们班的同学都好聪明,个个是'小能豆',他们都能听懂我讲的内容啊!这下我就放心了!"

这次家长讲堂妈妈为我树立了榜样,也更加让我体会到了妈妈的辛苦,她工作那么繁忙,要照顾我的学习、生活,还要时刻帮助那些需要帮助的人,奉献爱心。我要在今后的学习和生活中,像大张校长说的那样,做最努力的自己,做最优秀的少先队员,不辜负妈妈和老师对我的期望。家长讲堂活动让我们看到了最优秀的爸爸妈妈,让我们感受到了榜样的力量,我和爸爸妈妈都希望家长讲堂越办越好!

家长热议

用心沟通

美茵校区 一(6)班 何睿涵爸爸

今天是个特别的日子,我帮儿子完成了心愿,也第一次走上了孩子们的讲堂。

从上学期开始，儿子就不停地提醒我要准备去他们班讲一次家长课，前前后后说了十几次。我开始以为孩子学号很靠后，很久才能轮到我，准备时间充足，但是时间久了这种提醒已经变成了等待与想象的压力，于是决定赶紧实施计划，终于在儿子生日前一天，我如愿排上了这次课，有机会带给孩子们我精心准备的知识礼物。

我准备了三版课件，从"科普宇宙"到"地球知识"再到最终定稿的"我们的地球"。我一直想给孩子们准备一个吸引人的课题，一个可以让他们开放思维的观点，于是我就从熟悉的地理、历史知识中选取了这个题目，从图片选择到问题的设置，我都做了细致准备，并充分吸收儿子的意见，直到我俩都满意才算完工。

台下数个月，台上半小时。因为自己已经站过十年的大学讲堂，又准备充分，去学校前，我还是非常自信和轻松的。孩子们课堂上真活跃，从我开始讲，很多孩子的手就没有放下过，一直想和我交流，特别是恐龙灭绝的故事和外星人样子的故事，我和郭老师不得不数次维持课堂秩序才能进行下去。窗外风狂雨骤，我在讲堂上挥汗如雨。我平时能讲四个小时的铁嗓子，半个小时就"报销"了。但我还是很开心的，一方面因为孩子们的活跃是感兴趣的表现，是对我的奖励；另一方面，我发现现在的孩子都读了很多课外书，我们这代人以前中学甚至高中才能学到的知识，他们现在一年级就已经会了，这学习能力真是让我大开眼界。

回顾这次家长讲堂，我发现原先的种种担心都是多余的，一看到孩子们真诚的笑脸、渴望知识的眼神和积极的响应，我就明白我的准备很值得。我非常喜欢且享受这个交流的过程，如果有机会我会再参与到家长讲堂中来。最后，我要再次感谢郭老师的帮助和鼓励，也感谢所有小学教师的辛苦教育和耐心引导！

> 老师这样说

在精彩中绽放

美茵校区 一（6）班 郭静利

随着社会的发展，人们越来越感受到教育的重要性，对教育的要求也越来越高。但是学校的教育资源毕竟是有限的，学生学习的内容也大多来自课本和老师。2009年学校开展家长讲堂活动，邀请家长走进课堂，为孩子们讲课，这成了孩子们最期待的时刻。

还记得刚开始时，家长们羞于报名，觉得自己从没上过讲台，不知道如何与孩子沟通，也不知道讲些什么。我们一次次与家长沟通，和家长一起确定讲授内容，一起探讨与孩子们的沟通方式。

万事开头难，有了第一次的尝试，家长们的思路也逐步被打开，他们结合自身职业特点，为学生进行相关专业知识的介绍；结合兴趣爱好，向学生介绍相关方面知识；结合日常生活中动手实践能力的培养，引导全体同学共同参与，提高动手能力……家长讲堂涉及多个领域，不仅有普及健康卫生知识、进行安全教育的内容，也有讲述环保理念、解读城市文化的，还有的家长从自身出发，对孩子的养成教育、英语学习发表看法。

现在每到周五我们的教室门口都会准时出现那位特殊的"老师"。还记得那位军人爸爸，带着我们一起观看士兵们的训练场景，并带着我们一起在操场练习军姿、学踢正步、学敬军礼，让我们过了一把军人瘾；还记得那位干练的妈妈，从坐、立、行的行为习惯入手，规范了我们的坐姿、站姿、走姿，让我们的身姿显得更加挺拔；还记得那位牙医妈妈，从牙刷的正确选择、如何刷牙、如何保护牙齿，带我们进行了护牙之旅；还记得那位平凡的妈妈，虽然普通话不太标准，但是和孩子们分享自己的成长历程，将感恩、珍惜的品质于潜移默化中传递给孩子……一次家长讲堂就是一次奇妙的旅行，在里面欣赏美景、畅游祖国山河；一次家长讲堂就是一次心灵的碰撞，教会我们感恩、教会我们拼搏；一次家长讲堂就是一次独特的体验，在角色扮演中感受不一样的人生……

家长讲课内容丰富、形式多样，这种家长愿意讲、学生喜欢听的授课方式，使学生不出校园就能聆听各行各业"老师"的教导，受到孩子们的一致欢迎，也使老师受益匪浅。希望我们的家长讲堂越来越精彩！

做个理财小能手

授课班级：美茵校区 一（7）班　家长姓名：曹丽娟　学生姓名：段锦怡

家长简介：

曹丽娟，洛阳理工学院讲师，注册咨询工程师（投资类）。

授课主题：

做个理财小能手

教学过程：

一、理财的概念（10分钟）

理财（Financial management 或 Financing），指的是对财务（财产和债务）进行管理，以实现财产的保值、增值。孩子们的理财就是合理支配属于自己的零花钱。

二、问题导入（10分钟）

1. 小朋友们，你们的钱都从哪里来啊？

答：妈妈给的，爸爸给的，爷爷奶奶给的……

2. 有了钱，你们最想买的是什么？

答：零食；书本、橡皮、笔；帮妈妈买柜子……（注：引导孩子们正确使用零花钱）

三、"集腋成裘"成语故事（10分钟）

集腋成裘，成语，出自《慎子·知忠》，"故廊庙之材，盖非一木之枝也；粹白之裘，盖非一狐之皮也"。指狐狸腋下的皮毛虽小，但聚集起来就能制成皮衣。比喻珍贵美好的事物积少成多。

通过讲成语故事，告诉孩子们积少成多的道理。金钱是如此，学习知识也是如此，应该注意平时的积累，不要存有投机的心理。

四、一元钱的故事（10分钟）

通过讲述富豪李嘉诚先生的故事，告诉孩子们每一分钱都有自己的重要价值，不能因为钱少而浪费，忽视它的价值，珍惜每一分财富，因为财富来之不易。

五、结束语

鼓励孩子们做一个小小理财能手！

学生新知

收　获

美茵校区　一（7）班　郑晰丹

我印象最深刻的家长讲堂是马昕羽爸爸讲的。那天马昕羽爸爸讲的是吸烟的危害。马昕羽爸爸先给我们讲烟的知识，它含有尼古丁，再给我们看妈妈和小朋友戴着口罩，小朋友的爸爸在吸烟的图片，然后给我们看一张图片，那上面有一个大人吸烟好多年，还让我们看吸烟好多年的人的肺，肺都是黑色的。接着还给我们讲吸烟太多的人更容易生病。最后给我们说如果爸爸妈妈也吸烟，要告诉爸爸妈妈不能吸烟。

家长热议

精彩的接力

美茵校区　一（7）班　单美妈妈

第一次听说北二分的家长讲堂的时候单美还在上幼儿园。我没有想到学校会让家长来讲课，这让我感受到了学校多元的学习方式，新鲜又有趣。

后来，孩子正式进入北二分上一年级了，班里也正式开始了家长讲堂，看到老师发到群里其他家长的讲课照片和老师的说明，我便果断地报了名。

12月初，终于排到我上课了，那天下午到校时，我还有些心里没底，因为不知道将要面对的是怎样的场面。但当站到讲台上时，我看到了孩子们求知的小脸，包袱顿时卸下。还记得家长讲堂上我的第一句话就是："同学们好，我小时候的梦想就是当一名老师，谢谢一(7)班帮助我圆了这个梦。"此言不虚，小时候我的小学老师非常关心我们，对我的影响也很大，所以我从小就希望当名老师教书育人。后来阴差阳错没能实现这个理想，深感遗憾。没想到会有机会在女儿的班上讲课，这对我来说弥足珍贵。

我讲课的题目是"精彩的动物世界"，从孩子们都很感兴趣的几个动物讲起，讲它们的特征习惯，最后引出人与动物和谐相处。孩子们非常地积极，一节课下来我由衷地感到开心。

感谢学校提供这样一个平台能够让家长也参与进来，给家长了解孩子在学校情况的机会。希望孩子们通过点滴的学习，了解这个多元的世界，也希望家长都能接力下去，让孩子们的课堂更加丰富、更加精彩！

老师这样说

精彩你我携手相伴

美茵校区　一(7)班　赵静静

家长讲堂已开课两学期，回顾一次次活动，无论孩子、家长，还是作为教师的我们都收获了许多，感受了许多。

一、习得了知识

热心的家长为每一堂课都精心准备，怀着对孩子的疼爱和期许，教给孩子丰富的地理知识、生物知识，带领孩子学会感受生活的美好、劳动的快乐，帮助孩子培养爱国情怀，树立远大理想，养成良好习惯……家长的特殊身份和灵活多样的表现形式，勾起了孩子们强烈的好奇心，收到了平常课堂教育未曾达到的效果。家长在与我们的交流中也说，平时对孩子的教育还是过于简单、直接，仅仅停留在"知识说教"的层面，往往会缺乏耐心，更不可能形成完整的教育体系，因此效果并不是很理想。通过亲身体验家长讲堂，他们真正去考虑怎样让孩子乐于接受，如何与孩子互动，从而取得了教育效果的最大化。这对今后更好地教育孩子是很好的启发。每个家长都是独一无二的，他们把自己宝贵的人生经验，在各行各业中的丰厚积累毫无保留地奉献给了所有孩子。作为老师，看到他们采取独特的表现形式、运用多姿多彩的语言深入实践体验所取得的良好课堂反应，对自己今后的教学工作也大有帮助。这样的家长讲堂难道不是"三赢"吗？

二、增进了理解

家长讲堂把家长请上讲台，便实现了换位体验。家长们说，当他们真正做了一回老师，才知道那一刻只想把知识、理念毫无保留地传授给孩子们，希望他们能接受自己、喜欢自己，更希望他们能更快、更好地学会知识。当时当地，他们瞬间就体会到作为老师的无私与艰辛，对老师们有了更多的理解和敬意。我们在与家长课前、课后的交流中，也更深切地感受到了他们对孩子的期望不仅仅是掌握知识，成为佼佼者，而是要让孩子真正成长为一个健康、快乐、有责任、有担当，对社会、国家有用的人。这样彼此加深了理解，为我们共同努力更好地教育孩子，无疑打下了一个良好而坚实的基础。

三、激发了热情

虚荣心的适度满足，是激励孩子产生良性竞争、形成良好社交关系的关键。孩子们在家长讲堂这个平台上互相比拼哪个家长讲得更好，产生了以家长为荣的情绪，亲子关系与社会关系升温的同时，孩子们也以更大的热情投入到学习中，形成在学习中互相竞争、赶超的良好局面。

学校是标准化教育，家庭是个性化教育。这两种教育互相融合、互为补充将是教育工作的发展趋势。家长讲堂活动使亲子、家、校形成了稳固的三角阵形，是综合教育实现的良好平台，为孩子综合素质的培养开辟了更为广阔的天地！

小小美食家

授课班级： 美茵校区 一（7）班   **家长姓名：** 马磊   **学生姓名：** 马昕羽

家长简介：

马磊，河南推拿职业学院讲师。

授课主题：

小小美食家

教学过程：

一、导入课题

观看有关美食、肥胖、龋齿的图片，由美食图片提出质疑——"美食真的美吗？"进而导出本节课题"如何健康地生活，如何成为一名真正的美食家"。

二、理解课题

出示热量换算、标准身高体重表的表格及数据，学生观察两个表，全体同学参与活动，共同探讨零食的危害性。

三、知识应用

展示动画《零食真可怕》，介绍如何健康生活，共同解决"健康"的定位问题。

家长热议

心怀感恩，幸福成长

美茵校区 一（7）班 冯轼询爸爸

2017年4月17日，是一个令人难忘的日子，更是一个让我感受颇深的一天，人生中第一次站上三尺讲台为孩子们讲些自己的见闻，近距离感受孩子们的可爱及对知识的渴望，深切感受到学校良好的教学环境和认真负责的师资队伍。通过此次家长讲堂，更加钦佩三尺讲台上不辞劳苦、辛勤耕耘的园丁。作为一个家长，结合孩子的学习和这次家长讲堂的经历，我的个人感受可以总体概括为心怀感恩、心有自信、心要自强。

一、心怀感恩

我们感恩老师，他们面对这么多的孩子，从早餐到中餐，从午休到放学，老师们始终如一地陪伴，亲力亲为、善始善终。一次地家长讲堂就令我感到筋疲力尽、力不从心。而我们的老师每天都要进行这样的工作，从孩子的学习娱乐到吃饭休息，从孩子的舞台表演到衣着装扮，老师们都是兢兢业业，面面俱到，辛勤付出，没有怨言。

我们的老师心系教育事业，对每个孩子都一视同仁，针对不同孩子的性格和学习表现，能够和家长进行互动交流，让家长及时掌握孩子在学校的表现，我觉得这种老师和家长互动的做法很好。我相信部分家长会有同感，有时我们家长对待自己的一个孩子都感到没有方法、身心疲惫，而我们的老师面对50多个孩子，工作还能做到这么细致，我们怎能不感恩我们的老师呢！参加一（7）班组织的家长会，大家明显感觉我们班张老师的嗓音有些嘶哑，但是为了和家长进行交流，张老师尽心尽力，分析孩子的学习特点，语言真切感人，流露出对孩子们的无限关爱和期望。还有我们班的赵老师和李老师，每一句话都发自内心、发人深省，每一个建议都是为了我们的孩子，这样尽职尽责的老师怎能不让我们家长感到感激和钦佩呢！

师者，传道授业解惑也。因为有了你们的存在，我们的孩子才能在知识的海洋里自由徜徉；因为有了你们的付出，我们的孩子才能在快乐的校园里茁壮成长。园丁辛勤撒大爱，桃李必定满天下。

二、心有自信

十年树木，百年树人。每一个孩子都是一棵幼苗，每一个孩子都承载着家长的希望和梦想。作为家长，我们要相信我们的孩子。

言必信，行必果。作为父母，我们也应以身作则，言传身教，家长说出来的话就要做到，这样才能为孩子树立榜样、建立诚信。

三、心要自强

少年强则国强，孩子肩负着国家的未来和希望，正确价值观和人生观的培养对孩子非常重要，尤其是从小就培养孩子的爱国之情、报国之志，让孩子德才兼备，长大才能成为国家的栋梁、民族的中坚。

俄罗斯一名4岁的小男孩，他在唱20世纪40年代苏联卫国战争歌曲《神圣的战争》时说："我觉得最重要的一句词是'起来，伟大的祖国'，当我们学习这首歌的时候，妈妈告诉我，我要唱得好像整个祖国都站起来了。"对于一个民族而言，下一代是否拥有正确的历史观，是否拥有民族精神格外重要，因为这是一个民族长盛不衰的根本。

家长讲堂不仅丰富了孩子们的课外生活，也多了一次家、校沟通的机会，非常有实践意义。

交流沟通撕纸游戏

授课班级：美茵校区 一（7）班　家长姓名：田洪伟　学生姓名：田馨儿

家长简介：

田洪伟，洛阳理工学院讲师。

授课主题：

交流沟通撕纸游戏

教学过程：

一、全体学生分别坐在自己的位置上，教师给每位学生发一张 A4 纸，教师发出游戏指令

1. 请大家闭上眼睛。

2. 游戏的全过程不许提问题。

3. 按照教师口中叙述的动作进行操作。

①首先，把纸对折；

②第二次对折；

③第三次对折；

④然后把纸的右上角撕下来；

⑤把纸旋转180°，再把纸的左上角也撕下来。

4. 请大家睁开眼睛，把纸打开。

①请每一位同学在全班展示自己撕的纸（会出现不同的图案）；

②教师给每位学生再发一张 A4 纸；

③教师重复相同的指令，再做一遍上次的游戏。这次学生可以提出问题；

5. 请每一位同学在全班展示自己撕的纸，交流游戏经验。

二、讨论

1. 第一次游戏，大家接受的指令是一样的，为什么会有这么多不同的结果？
2. 完成第二次游戏之后的结果又是怎样的？反馈在游戏中起到了什么作用？
3. 相同的游戏，为什么两次的结果会有如此大的差别呢？
4. 通过这个游戏，你有什么样的感悟？

三、游戏反思

交流沟通是人类行为的基础。然而，许多问题都是由于沟通不当或缺少沟通而导致误传或误解，从而影响人际关系。通过游戏让学生体会沟通的重要性，达到学生了解教师、教师了解学生的目的，进一步促进师生之间的和谐。

关爱牙齿，从细节开始

授课班级：美茵校区 一(8)班　家长姓名：李丹　学生姓名：黄硕凯

家长简介：

李丹，牙科医生。

授课主题：

关爱牙齿，从细节开始

教学过程：

一、问题导入

你会刷牙吗？

二、刷牙知识

介绍如何正确刷牙。

1. 先刷牙齿外表面

将牙刷头与牙齿表面成45度角，斜放并轻压在牙齿和牙龈的交界处。

轻轻做小圆弧状来回刷，上排的牙齿向下、下排的牙齿往上轻刷，确保每个牙齿的表面都被刷到，并注意轻刷牙龈。

2. 刷牙齿背面

牙刷竖起，同样成45度角斜放，上排牙齿向下、下排牙齿向上提拉轻刷。

3. 刷牙齿咬合面

将牙刷倾斜，与咬合面垂直，力度适中地来回刷。建议选择保健型牙刷，保健型牙刷的动感刷毛可发挥不同部位的独特作用，分别深入清洁牙面及牙间缝隙；灵活纤薄的刷头，将难以触及的后臼齿也清洁干净。

4．刷牙齿内侧面

牙齿的内侧面最容易藏污纳垢，也是最不好刷到的地方。刷上下前牙的内侧面时，应将牙刷竖起来，利用牙刷前端的刷毛沿牙缝上下以小圆弧刷动。

5．轻刷舌头表面

由内向外轻轻去除食物残渣及细菌，让您的口气保持清新。

三、牙齿防护知识

1．多注意乳牙和恒牙的生长情况

时常检查乳牙和恒牙的"辞旧迎新"，如有乳牙滞留或者恒牙位置畸形的情况，尽快到医院检查。

2．早晚刷牙，多漱口

保证在换牙期也正常刷牙，饭后及时漱口，防止龋齿和牙齿炎症。

3．多吃含纤维的蔬菜，少吃甜食

含纤维的蔬菜能对牙齿起到清洁作用，少吃甜食能预防龋齿。

4．多咬稍带硬度的东西

多咬合，能刺激颌骨的扩大生长，以免牙床拥挤。蔬菜不宜做得太软，多咬硬食物，例如苹果、玉米、豆类等。

四、哪些行为容易伤害牙齿？

五、现场提问

你有哪些关于牙齿方面的问题？

家长热议

播撒爱的种子

美茵校区 一(8)班 李心琪妈妈

本学期，在孩子的一再"叮嘱"下，我终于"抢"到了一个家长讲堂的名额。孩子很高兴，而我却犯了难！

　　给一年级的孩子上课还是第一次，我不知该讲些什么。不能讲书本上的知识，但是还得让孩子学到一些东西。于是，我请教了潘老师，又请教了其他家长，孩子也给我出主意，我又上网查找资料。最后，终于确定了主题"享受生活中的美"。我讲课的时间在四月份，刚好是春暖花开，最适合播种的好时节，我就想带孩子们一起去寻找春天的美，发现生活中的美，给孩子们心中撒下美好希望的种子！

　　终于到了讲课的那一天，我怀着激动的心情、带着事先准备好的一切走进教室，刚开始紧张得出了一身汗，但当我看到潘老师和常老师鼓励的眼神、孩子们满怀期待的目光时，我一下子放开了许多，重点给孩子们讲了指甲花跟太阳花的种植和养护，最后，我给每个孩子准备了一份礼物——一份指甲花和太阳花的种子，一个小花盆，让孩子们自己动手来播种、养护、守候，享受自己劳动与付出所收获的生活中的美！

　　这节课下来，我感触颇深。第一，为了这一节课，我花费了一周的时间准备，可想而知老师们为了上好每天的课，花费的时间和心血有多少。第二，从幼儿园到小学过渡的一年级学生，对于新学校的认识、学校的纪律以及各项规定处于模糊状态，不难想象老师们需要付出的耐心有多少。第三，很感谢学校建立了这样一个平台，让家长真真正正参与到学校的教育当中来，每周一节的家长讲堂让孩子们不仅仅局限于老师的讲授和课本知识，灵活的教学方式让孩子们受益匪浅！

　　最后，祝愿我们的学校蒸蒸日上，学生们都步步高升！

> 老师这样说

大手牵小手　共育精彩路

美茵校区　一(8)班　常志宁

用爱去点亮学生的精彩！

今年我走进了这个充满爱的大家庭——北京第二实验小学洛阳分校，这里的一切对我来说都是新鲜的，一草一木、一砖一瓦都洋溢着爱的气息。

一次午饭后，我们班一个特别内向的孩子突然兴高采烈地叫住我说："常老师，你知道吗，今天星期五，我特别开心。"我好奇地问他为什么："是因为马上可以过周末出去玩了吗？"他摇着脑袋可爱地说："不是，是因为马上就可以上家长讲堂了。"这一刻，我突然意识到家长讲堂对孩子们的非凡意义。

家长资源是学校最为丰富的校外教育资源，通过家长进课堂活动，学生学到了很多课外知识，也使家长们更深入地了解了班级和学校，更好地推动了班级和学校的发展。课堂上他们用亲切的话语循循善诱地解答孩子们的问题，让孩子们彻底开了眼界。向语婕爸爸讲的"营养搭配"让孩子们学到了如何正确饮食，提高了他们的饮食安全意识；王馨悦妈妈讲的"美丽洛阳我的家"让孩子们认识到了家乡独特的美，并激起了他们热爱家乡、热爱祖国的意识；董金妍家长讲的"五彩缤纷的海洋世界"让孩子们认识了各种各样的海洋生物，好像带着他们去海底旅游了一番。

感谢这学期参与家长讲堂活动的家长们，你们的支持与付出，收获到的将是孩子们对知识的浓浓渴望、对探究未知的强烈愿望和因为知识面的开阔而拥有的自信。

相信在家、校共同的努力下，我们还能收获更多的精彩！

端午节及六一儿童节的由来

授课班级：美茵校区 一（8）班　家长姓名：麻婧　学生姓名：张弛

家长简介：

麻婧，私营企业主。

授课主题：

端午节及六一儿童节的由来

教学过程：

一、自我介绍

热身游戏：猜字谜。

二、以粽子的谜语，引入端午节

1. 珍珠玉粒女，嫁了穷夫竹叶郎。（谜底：粽子）

2. 有棱有角，有心有肝，一身清贫，半世煎熬。（谜底：粽子）

3. 生在青山青朵朵，爬岩爬坎去找我，找到回家吃饱饭，拿棵草草拴住我。（谜底：粽子）

4. 三角四棱长，珍珠里面藏，想尝珍珠味，解带剥衣裳。（谜底：粽子）

三、介绍端午节的来历

1. 介绍粽子，讲解吃粽子的来历。

2. 介绍龙舟，讲解赛龙舟的来历。

3. 介绍香囊，讲解佩戴香囊的来历。

四、端午节其他的习俗

五、介绍"六一"儿童节的来历，祝各位小朋友六一儿童节快乐

老师这样说

百花齐放，精彩接力

美茵校区 一(8)班 潘清清

每次的家长讲堂，孩子们和我都十分期盼，因为在这个课堂上，我们能看到更多的风景。家长讲堂就像一个万花筒，给孩子们展示了这个世界的不同精彩。

家长们总是能够踊跃参与，前期都争相报名，后期准备时和老师一起沟通主题和内容，反复确认方案，和孩子们分享时更是各有千秋。在这个开放的课堂上，孩子们接触到了不同职业的家长带来的不同领域的知识。王滢琪妈妈是一位警察，她给孩子们带来了防拐骗方面的安全知识；周钰姗爸爸用自己自主创业、不断奋斗的经历，激励孩子们把握自己的人生；李思远妈妈作为专业操盘手，教育孩子们如何打理自己的零花钱；黄硕凯妈妈是一位牙医，她用自己的专业知识，帮助孩子们解答了许多关于牙齿方面的困扰……

家长讲堂是学校"引领精彩家长"的一个阵地，家长通过参与课堂，更能够拉近与孩子之间的距离，更深入地体会与孩子沟通的技巧，更能够理解老师的工作。家长讲堂是家校沟通的桥梁，是孩子开阔视野的平台。家长的精彩分享，总能吸引孩子求知的目光，给孩子不同的课堂体验。家长讲课内容丰富、形式多样，在医院工作的家长可以教学生如何预防疾病，在法制部门工作的家长可以提醒学生提高安全意识，从事文化艺术工作的家长也可以教孩子如何认识美……

我们会继续加强家长和学校的沟通，为孩子们的健康成长营造良好的校园氛围和家庭环境。作为学校的一项特色活动，家长讲堂还会继续精彩接力。

小猪变形记

授课班级：美茵校区　一（13）班　家长姓名：孙瑞敏　学生姓名：王冠澄

家长简介：

孙瑞敏，希望能够与学校多多配合，尽自己所能，为孩子的健康成长贡献一份力量。

授课主题：

小猪变形记

教学过程：

一、通过游戏让孩子从中找到乐趣

目的：激发兴趣、找到自信，寻找快乐。

形式：互动游戏，用肢体动作模拟不同的天气。

1. 先引导大家用如下方式发出声音：

手指互相撞击—巴掌轮拍大腿—大力鼓掌—跺脚，每种声音代表自然界中的一种现象。

轮跺双脚—雷声

手指互相敲击—小雨

巴掌轮拍大腿—中雨

大力鼓掌—大雨

鼓掌加跺脚—暴雨

2. 开始读一段话，要求大家听到相应的词语就做出代表它的动作，引导大家合奏一曲"雨点变奏曲"。

3.与学生互动,并导入故事——《小猪变形记》。

二、分享故事,认识自己

1.目的:一味模仿别人是没有好结果的。

2.分享绘本故事《小猪变形记》。

3.集中讨论:小猪什么时候最幸福快乐?

4.交流评价:一味地羡慕别人只会迷失自己,只有做自己才是最幸福的。

5.引出本课主题:做自己,最幸福。

三、激发潜意识,唤醒自我

目的:我是独一无二的,更是可贵的。

1.同学们,我们一起经历了小猪变形的历程后,懂得了要勇敢做自己。所以,我们要自信地做自己,要多关注自己的优点。

2.用柔美的音乐旋律来激发学生思考,帮助学生寻找优点。在这个过程中引导孩子发现自己有哪些优点。

四、分享优点,体会自信

1.同学们,说到优点,每个人都有,但有的优点我们自己知道,有的优点自己却还没发现。接下来请大家静静地思考两分钟,把自己的优点写在优点卡上,并认真地看一看,读一读。

2.与全班同学分享自己身上的优点:

①你找到了自己身上的哪些优点?请你大声地与大家分享。

②你最欣赏自己的优点是什么?

③你找到这么多优点,有什么感受?

3.刚才同学们找到了自己身上的那么多优点,下面请大家打开慧眼,找找小组里同学身上的优点,把它写在优点卡上,再读给同学听一听。

4.进行"你夸我夸大家夸"游戏:

请每组一位同学站到中间,其他同学齐声说:"某某同学,你真的真的很棒!"

同时向他伸出大拇指。受夸奖的同学说:"是的,我真的很棒!"

五、设计动作,增强自信

1. 让同学们主动找出专属的充满自信的动作。

2. 学生为自己设计一个动作,并与大家分享。

3. 全体起立,亮出自己的招牌动作,并大声地对自己说:"做自己,最幸福!"

六、结束语

每个人都有自己的优点和缺点,但不能只看自己的缺点,只看缺点会让你变得胆怯;当然,也不能只看自己的优点,只看自己的优点会让你容易自满。善于接纳自己的缺点,努力克服,最大限度地发扬自己的优点,才能找到自己的那块"幸福地"。所以做自己,最幸福!

学生新知

我的课堂文化

美茵校区 一(13)班 陈逸丞

学校每个周五都会有同学的爸爸妈妈来给我们上家长讲堂,我每个星期从周一就开始盼着它了。

在家长讲堂上,有的家长讲牡丹,我学到了牡丹的种类,头一次听说了花王和花后;有的家长讲计算机,我了解了计算机的构成和它们的作用;有的家长讲桥,我知道了桥的结构;还有的家长讲我们的家乡——洛阳,我听完课后,更热爱我的家乡!我的妈妈讲的是文字的起源和演化,我学到了文字从甲骨文开始演变的过程。我最喜欢的一节家长讲堂是张琪山爸爸给我们讲的科学小实验。张琪山爸爸在课堂上给我们做了一些小实验,其中一个是把一根针轻轻地放进一个装满水的杯子里,神奇的是针不会沉下去,可是如果往水里加一点洗衣液,针就沉下去了。从这个小实验中我学到了纯水的表面张力。

在家长讲堂上，我们班每位同学都积极发言。每次的家长讲堂又有趣又可以学到各种知识。我喜欢家长讲堂。

家长热议

互换角色　共话牡丹

美茵校区　一（13）班　贾蕊鸣家长

北京第二实验小学洛阳分校的家长讲堂，极有特色。每个班，每周五下午3：30分准时开始，每周由一位家长轮流开讲。

课堂上家长和老师互换角色，家长过一把当老师的瘾，老师端坐于台下，如学生一般认真听讲，协调互动。说真心话，面对全班50多个孩子，没点现场驾驭能力，还真"唬"不住。

今天由我开讲，主题为"洛阳牡丹"。一进教室门，经班主任谷亚利老师介绍，我和同学们互动致意。看到孩子们可爱纯真的笑脸，我心里由衷地欣喜不已……孩子们层出不穷的问题，互动解答，举手提问，积极踊跃，让我感受到孩子们的求知欲是那么旺盛。感谢孩子们精彩的互动，感谢你们的理解并许诺践行，作为洛阳的东道主，在牡丹花会期间，我们一起文明有礼地欢迎四海宾朋！

你们在课堂上如花般娇艳的笑脸，积极生动的配合，高举牡丹花的幸福模样，生动精彩地诠释了你们就是洛阳最美的小牡丹！

以爱育爱，爱育精彩！

期待学校有更多和家长互动的机会，为孩子们带来爱育精彩的生动篇章。

感谢学校提供家长讲堂的这个平台，感谢班主任谷老师的组织协调，感谢小朋友的现场配合。

> 老师这样说

让孩子在陪伴中成长

美茵校区 一(13)班 连邵敏

每周五下午,我和孩子们坐在一起听家长讲堂。我的感觉就是,现在的学生真是幸福,每次家长都是精心准备,让孩子们学到了课本之外的知识,开阔了眼界。

每一个走上讲台的家长,他们虽然没有讲课的经验,但他们有的是对班级和孩子们的爱,其实"有了爱就有了一切"。还记得段易辰妈妈的家长讲堂,她给孩子们讲了一个个发人深省的小故事、一段段让人捧腹的笑话,那不仅是一个个小故事和一则则笑话,它们都有教育意义,而且还是那么的"润物细无声",家长把那些普普通通的道理讲得那么生动、那么真切、那么让孩子们信服,让那些枯燥的大道理瞬间变得鲜活而充满生命力,并像烙印一样深深地打在孩子们的心中。我们教师也要与时俱进,用心学习,有底蕴的老师才有魅力!

家长讲堂给我的感触太多,作为新时期的班主任,我们每个人都面临着更多的挑战。如何去迎接挑战?如何能够胜任新时期的班主任工作?这就要求我们老师必须要耐得住寂寞,能够沉下心来,去读一些书,一些有用的书。"一本好书,就是一个好老师!"博览群书,取之所长,为我所用。用到教育教学工作当中去,会如虎添翼,更上一层楼。

我们的动画片

授课班级：美茵校区　一（14）班　　家长姓名：赵涛涛　　学生姓名：赵墨涵

家长简介：

赵涛涛，现工作于河南科技大学。

授课主题：

我们的动画片

教学过程：

一、设问引导，激发兴趣

问：小朋友们，你们喜欢看动画片吗？

答：喜欢。

问：那请大家说一说都看过哪些动画片呢？

孩子们各自表达。

问：那好，现在请小朋友们和我一起来看下面的动画片，是否有你喜欢的呢？

依次展示PPT中的动画片图片：《喜羊羊与灰太狼》《熊出没》《超级飞侠》《大头儿子和小头爸爸》《海绵宝宝》《猪猪侠》《斗龙战士》，大家共同说出动画片和其中主要人物的名字。

二、共同讨论，深入思考

问：大家看了这么多动画片，那你知道自己为什么喜欢看动画片吗？请举手回答。

根据课堂反应情况，选择5—6名学生回答，并加以点评，提出表扬，传达肯定和赞许的态度。

问：刚才听了大家的发言，答案主要集中在以下几个方面：

感到快乐和开心，能学到知识，感觉自己像里面的人物，可以和小伙伴一起看、一起聊，画面很漂亮，爸爸妈妈不陪我玩，想和动画片里的人一起打坏人，就是觉得好看。

其实，动画片不仅有好看的画面和吸引人的情节，更有值得我们思考和学习的地方。

依次展示动画片：《狮子王》《西游记》《小猪佩奇》《巧虎》《神奇马丁》。对其中的《狮子王》和《西游记》简单介绍故事情节。

师：每一部好的动画片都有自己的表达方式和意义，大家以后再看动画片就需要好好动脑筋思考喽。

三、明辨是非，正面教育

问：动画片又好看又有意义，那我们如何正确观看呢？请同学们观看下面的几组画面，提出你们的观点，大声说出你的判断答案！

依次展示错误的观看和理解动画片的行为图片、场景和漫画。让孩子明辨是非，达到心理认同和自我提醒，从而达到警示教育作用，增强小学生正确行为引导的效果。

师：所以，正确观看动画片要坚持四个原则：一是保持一定距离，坐姿正确。二是吃饭时间不能看，不长时间观看。三是完成作业后再看，不痴迷。四是不盲目模仿，要学习里面好的方面。

四、增进感情，共同成长

师：你们的爸爸妈妈在童年时期也有他们喜爱看的动画片，而且其中有很多是你们也看过的或者正在看的呢。不信的话我们一起来瞧一瞧吧。

依次展示"70后"和"80后"父母看过的经典动画片图片：《黑猫警长》《聪明的一休》《铁臂阿童木》《葫芦兄弟》《猫和老鼠》《哪吒闹海》《聪明的阿凡提》等。

师：让我们和爸爸妈妈一起看动画片、一起成长吧！在这里我也想和你们的父母分享我的成长心得。

1. 多看书，多阅读，书是一辈子的好朋友；
2. 多运动，多交友，找到自己的兴趣爱好；
3. 多聆听，多思考，做快乐懂事的好孩子。

五、结语

动画片，是我们成长的彩色画板。有一天，我们将长大，或许不会再看它。但是，你却永远记住了，那个看动画片的快乐时光和快乐的自己。

学生新知

我为妈妈自豪

美茵校区 一（14）班 孙煜堃

大家好，我是一（14）班的孙煜堃。我们学校有一个特别课程：每周五都会开设家长讲堂，都会有一名家长上台展示自己准备的内容。

这次轮到我妈妈讲了，妈妈在家里练习了很多遍，连动作和语气都要注意，上、下台的仪态也练习，因为讲的是古代故事，里面有很多生字，妈妈练习了好几天。

我喜欢家长讲堂，它可以鼓励我自信；我喜欢家长讲堂，它能使我明白许多哲理；我喜欢家长讲堂，它使我学到了更多的知识。

自从妈妈讲了家长讲堂后，我觉得自己比以前大方多了。我为有这样的妈妈而感到高兴。

这就是我关于家长讲堂的心得。

家长热议

与"小黄豆"们共享一堂幸福有感

美茵校区 一（14）班 孙煜堃家长

家长讲堂，一个特别有魅力的课堂，不同职业、不同领域、不同视角的知识都可以通过这个课堂传递给孩子们，开阔孩子们的视野，为一双双好奇的眼睛打开一扇观察美妙世界的窗。当班主任告知家长可以报名家长讲堂时，我毫不犹豫地报名了。通过这个讲堂，家长可以了解更多孩子在校的情况，毕竟一年级新生刚刚入学一个多月，小朋友的状态是做家长最为关心的。为了让这节课更吸引小朋友，能更有趣、精彩，成为他们难忘的快乐体验，这需要巧妙构思，我也是尽脑汁地做了大量准备工作，最后定位在"坐着宇宙飞船"为主线的"环球旅行"。提前两周构思和制作PPT，一个小小的环节都需要仔细斟酌，丝毫不敢怠慢。学校"精彩学生，精彩老师，精彩家长"的理念深入人心，我们家长同样需要精彩，给孩子以身作则的榜样！为了和班里的孩子拉近距离，我通过家长微信和班级群，把每个孩子的爱好、特长、名字和样子都大概地了解了一下，所以上课一开始，我能说出很多他们的"小秘密"，孩子们好奇而吃惊，一下子拉近了和孩子们的距离。

第一次以家长的身份给小朋友们上课，也第一次给一年级的"小豆豆"们上课，心情很激动。同学们黄色的校服很夺目，一个个"小黄人"特别可爱，简直是一群跳动的"小黄豆"。课堂上，同学们积极活跃，笑声不断。给我最大的感触是"一年级真不好教！"那需要更细致的爱和更包容的耐心；"一年级的老师真牛！"这么好动的孩子已经有纪律意识、有规矩了，这背后的付出是不言而喻的。家长讲堂不但和小朋友们沟通了感情，也对老师有了进一步的了解，加强了家校联系，增进了教师和家长之间的感情，彼此有了更多的理解。当然，最大的收获是自己孩子的自信，当作为妈妈的我走进课堂的那一瞬间，孩子的眼睛是放光的、是无比自豪的，刚刚步入小学生活的孩子，新的老师、新的同学、新的环境，孩子难免需要重新适应，而这时妈妈在课堂上的出现，就是给孩子最大的鼓舞。家长讲堂结束后孩子出奇地听话，妈妈的形象瞬间高大起来，一会儿给我跳舞，一会儿给我按摩，我的建议他也欣然接受，我讲的道理他似乎也能听进去了，一节课的魔力真大！家长讲堂的魅力在于：只要你登上讲台，孩子心里就在喊"妈妈威武！"这样的情感体验是多么宝贵！感谢先进科学理念的学校，感谢悉心安排和筹划的老师们。

老师这样说

家长进课堂感受

美茵校区 一（14）班 张召龙

参与家长讲堂的每一位家长都很认真地准备,刚开始都有点紧张和羞涩，但是逐渐和学生融合在一起，班里的孩子们也特别喜欢家长讲堂。每一位家长在进教室前都与老师沟通，并且备好课，做好课件。

参与课堂授课家长的孩子，因为家长的到来，他们自信了很多。因为家长的到来，其他孩子也特别遵守纪律，课堂纪律方面有了进步。

看到每一位家长写的课后总结，我十分感动。我感受到家长与孩子在课堂内外的良好互动。

我们充分挖掘了家长自身的教育资源，拉近了家长与老师、家长与学生之间的距离，给家长和学生创设了一个相互交流的平台，给家长和老师提供了一次增进了解、互相学习的机会，从而促进和谐家校关系的构建和学生的全面发展。

同学，我爱你

授课班级：美茵校区 一（15）班　家长姓名：梅开　学生姓名：邓懿鑫

家长简介：

梅开，从事教育工作。

授课主题：

同学，我爱你

教学过程：

一、看故事明理

在我的身边有一群人，天天和我相伴，我们一同成长。大家猜猜他们是谁？对，他们就是我最亲爱的同学！我们一起学习，一起游戏，多快乐呀！可是平时同学们相处，难免会有一些小摩擦，发生一些小矛盾，那我们该怎么处理呢？

1. 请看故事《小羊过桥》

讨论：

①两只小羊为什么掉进河里了？

②在平时的学校生活中，你们有没有遇到过类似的事情？

③从故事中你明白了什么道理呢？

遇到小矛盾、小摩擦时，懂得谦让是我们爱同学的表现。（板书：谦让）

那么当同学有困难时，我们怎么做才是爱同学呢？请同学们接着看故事。

2. 请看故事《萤火虫找朋友》

讨论：

①萤火虫怎样才能找到朋友呢？（分享后，板书：互助）

②说一说：

我很高兴，曾经帮助过_____。

我很感动，曾经受到过_____的帮助。

3. 请看故事《我们一起玩》

①从这个故事中我明白了_____。

②我和朋友分享过_____。

（板书：会分享）

二、《蓝树叶》的故事

1. 李丽借林园园的铅笔了吗？为什么？

2. 看到李丽画的蓝树叶，林园园的脸为什么红了？

3. 如果你是她们的好朋友，你会劝说些什么呢？

三、总结

今天通过小故事，我们知道了与同学友好相处的三件法宝：谦让、互助、会分享。让我们一起来争做友善小明星！

四、板书设计

同学，我爱你

谦让

互助

会分享

学生新知

老师，您辛苦了！

美茵校区　一（15）班　曹家豪

当得知老师让学生家长参加家长讲堂的活动后，我的心里既开心又紧张，开心的是因为妈妈可以上讲台了，紧张的是害怕她讲得不好！

回到家里，我和妈妈就说起了这件事，她也很认真、很上心，但是看到她的一系列表现，我都替她着急。她先是打电话给朋友咨询了解，又上网查找资料，又拿出纸和笔在上面写写画画，嘴里还不停地说："普通话说得不好呀……"看她着急得都快出汗了，我也开始不安：妈妈要是讲不好咋办呢？

到了那一天，她提前收拾好，早早就带我出门，路上还跟我说："讲不好咋办？"然后，拿着手机一遍遍地看要讲的内容。下午，家长讲堂时间到了，看到妈妈在讲台上不慌不忙地给同学们讲课，发挥得挺好，我在下面暗自为她加油。回家路上妈妈跟我说："给我紧张得不行，你感觉咋样？"我说："讲得不错，比我想象的好。"我鼓励妈妈以后多来讲课。

回到家后，我自己坐下来在想，妈妈真伟大，还会讲课，妈妈在我心目中的形象更高大了。妈妈讲了三十分钟的课，都做了那么多的准备工作，老师天天讲课，就更辛苦了！我想到了赞美老师的一句话：您就像蜡烛，燃烧自己，照亮别人！

老师，您辛苦了！

> 家长热议

家校共建促成长

美茵校区 一(15)班 杜博文妈妈

2016年9月，儿子高高兴兴地开始了小学生活，加入了这个充满着爱和欢声笑语的大家庭。第一次家长会时，牛老师就提出了孩子的成长离不开老师，也离不开家长的协助，需要每位家长各施所长，每周五下午给孩子们带来丰富多彩的课堂。

随后的每个周五，放学回到家儿子就有了许许多多的话：

妈妈，我要种向日葵了，等着它开花吧；

妈妈，我知道我是怎么出生的了；

妈妈，看我自己做的风车；

妈妈，我做了一只会动的猫；

妈妈，看我自己做的望远镜……

看着家长们的精彩讲课，我有些胆怯，但我觉得又不能退缩，我应该为孩子树立榜样，遇到问题要积极面对，积极解决。带着这种决心，我主动联系了牛老师，约定了讲课时间。在准备的两周时间里，我不断翻看家长们的讲课内容。首先不能重复，其次不能太深奥，最后孩子们还得喜欢。准备的题目一变再变，最后决定给孩子们讲讲"汉字的起源"。

走进一(15)班的教室，看到了孩子们热情的笑脸，看到了老师们对孩子的激励和呵护。当我开始上课时，被孩子们的热情惊讶到了。每一个问题，孩子们都能积极思考，举手回答。为了让我安心讲课，牛老师和丁老师全程协助管理学生。一节课下来孩子们回答问题时给出的出色答案超乎我的想象，针对逐渐加深的问题，他们毫不畏惧。一(15)班的孩子都是好样的！

通过这一次讲课，我也感受到带低年级课程的老师们，在班级人数多、孩子年龄小、规则意识差的背景下还要提高成绩、培养学生素质，这个过程的艰辛我们难以想象。在这次活动中，我被一（15）班全体孩子身上散发的那种阳光积极、文明上进的品质所感染，通过对比观察孩子们的课堂倾听及活动参与情况，我进一步了解了儿子博文在群体学习生活中的具体情况，发现了他身上我不曾看到的一面，为我后期教育引导提供了参考。

感谢牛老师和丁老师为班级搭建了这样好的一个平台，家长参与见证孩子在学校的成长，这种别具特色的课堂模式，能更好地促进学生的全面发展。

我相信一（15）班在两位老师的带领下一定会越来越好！

老师这样说

沟通 交流

美茵校区 一（15）班 丁贺洋子

家长讲堂是学校的特色课堂，每周五下午让一名学生家长来当老师，给学生带来不一样的知识。家长走进课堂，使学生们学到了很多知识，也使家长们更深入地了解了班级和学校，更好地推动了班级和学校的发展。家长通过和老师的交流，认识到学习的重要性，更进一步了解了自己的孩子。

今天是谁的家长给我们上课？会给我们带来什么知识呢？每到周五，孩子们就会七嘴八舌地讨论，别提多有兴致了。

来上课的家长都准备得特别认真、充分，会事先和老师商量内容、讲课过程等，生怕 hold 不住这群"小豆豆"。可你完全不必担心孩子们会不好好听课，反而个个眼睛瞪得大大的，全神贯注，生怕错过了什么。在这个课堂上，孩子们的积极性比以往要高很多，回答问题争先恐后。因为家长的到来，孩子自信了很多，学习和生活方面有了很大的进步。

家长讲堂拉近了家长与老师、家长与学生之间的距离,给家长和学生创设了一个相互交流的平台,给家长和老师提供了一次增进了解、互相学习的机会,在无形中拉近了家校之间的距离。

汉　字

授课班级：美茵校区　一(16)班　家长姓名：宋海珍　学生姓名：李心媛

家长简介：

宋海珍，教师。

授课主题：

汉字

教学过程：

一、导入

我们平常看书、读报、习作、交流都离不开汉字。大家对汉字了解多少呢？汉字产生于四千多年前，它经历了漫长的演变过程。

汉字是世界上使用人口最多的文字，曾对日本、韩国等国的文字产生过重要的影响。现在，国外学习汉字、汉语的人越来越多。

二、汉字的起源

一般认为出现在公元前13—前11世纪商代的"甲骨文"（单字4500个，其中认识的约占1/3）是最早的汉字，考古人员在距今4500多年的大汶口文化晚期遗址出土的文物上发现了"象形字"，距今6000多年前的半坡人创造了具有文字性质的刻画符号。

1. 仓颉造字说

先秦典籍中记载，汉字是黄帝史官仓颉创造的。如《荀子·解蔽》："好书者众矣，而仓颉独传者，一也。"《淮南子·本训》："昔者仓颉作书，而天雨粟，鬼夜哭。"

2. 劳动创造说

关于汉字的起源，古代文献上有多种说法，如"结绳""八卦""图画""书契"等。

三、汉字的演变

1. 古汉字阶段：甲骨文—金文—大篆（籀）、六国古文—小篆。

2. 隶书楷书阶段：隶书—草书—行书—楷书（正楷、真书）。

四、汉字"美"的运用

鲁迅先生说过，汉字具三美。

意美：以感心，一也；

音美：以感耳，二也；

形美：以感目，三也。

五、教学互动

1. 展示卡片或者PPT图片，学生看图猜字。

2. PPT展示，学生猜字谜。

六、小结

汉字不光神奇、有趣，而且方正、漂亮；还有着悠久的历史，蕴含着丰富的文化！我们要从小学会写出工整、漂亮的汉字！（PPT展示事先准备好的优秀字帖）

学生新知

多彩的课堂，知识的乐园

美茵校区　一(16)班　高泽恒

每到周五，最开心的事情不是要过周末了，而是下午可以上有趣的家长讲堂课。

在这一年里，通过家长讲堂，我学到了很多的知识、经验，还有小技能。邢颢桐爸爸给我们讲了舰艇的知识，让我们认识了航空母舰。高仁贵妈妈给我们带来了好吃的寿司，而且还教我们做寿司的方法，我和妈妈在家里实践了一下，妈妈夸我进步真大，都能学以致用了。李心媛妈妈给我们讲了有趣的汉字，让我们知道了汉字的由来和演变，汉字是我们中华民族的瑰宝，真是奇妙的方块字，作为炎黄子孙的我感到无比骄傲和自豪。李首臣妈妈给我们讲了如何加强安全意识，还送给我们安全棋，让我们明白了在生活中如何防范坏人。于子航爸爸给我们讲了兵器知识，还给我们带来了超酷的子弹壳……当然啦，我妈妈带来的"有趣的数学"也是我超喜欢的，从数的由来讲到数学的历史，以及生活中无处不在的数学，同学们也特别喜欢。

多姿多彩的家长讲堂，真是我们收获知识的百花园呀！

有趣的一节课

美茵校区 一(16)班 张佳琳

2016年9月1日，我来到北京第二实验小学洛阳分校，成为一(16)班的新生。学校开设了戏剧社，还有乐器课、足球课，还举办了科技节、运动会、家长讲堂等课外活动，来丰富我们的课余生活。我很喜欢这些项目，尤其喜欢的就是家长讲堂了。

每周五下午都有一节家长讲堂，每个同学的家长都抢着来给我们上课，普及教育、科技、自然、常识、食品、公共安全、生活各个方面的知识，让我们动脑又动手，还有家长给同学们分发学习用品，太开心了！我还记得参与家长讲堂的第一位家长是吴雨格妈妈，讲的猜谜语，全班同学都很兴奋地抢答，我还答对2个题目，得到了奖励呢！我还记得王子雯妈妈带来的脑筋急转弯，同学们热情高涨，答案也五花八门，很多人笑得前仰后合！我还记得李首臣妈妈是一个警察，给我们普及交通、生活安全常识。我还记得高仁贵妈妈教我们现场DIY寿司，同学们自己动手做寿司，然后吃到美味的寿司，好想多吃一点。还有节约用水知识、航空母舰构造、动画片制作、趣味数学、有趣的汉字、宇宙空间、身上有袋子的动物、蝴蝶的生成等，我和同学们一起学到了好多课本上没有的知识，感受到了很多成长的快乐！

我喜欢家长讲堂，也喜欢这些讲课的家长。感谢学校给我们准备这样的课堂。

家长热议

永远在你身边

美茵校区 一（16）班 于子航爸爸

2017年3月31日，我作为于子航的父亲，非常荣幸参加了一（16）班的家长讲堂。我为此认真制作了一个PPT课件，在课堂上图文并茂地介绍了我作为一名人民警察的工作情况，以及警察的分类和工作特点，并且在课堂上展示了一些警用装备。同学们在课堂上积极踊跃、井然有序的表现让我非常欣慰，在感慨老师对孩子们的辛勤培育之余，我也备受鼓舞。

开学伊始，老师介绍说要在每周五下午设立家长讲堂。我认为这个活动非常棒。第一，家长讲堂能够让孩子开拓思维，在课堂内外都丰富知识面，使孩子们从小通过不同的渠道接触社会，通过家长的讲解，对各种不同的职业有个初步的认识和理解，从小树立远大理想。第二，通过课堂交流，拉近了家长和孩子的距离，对家长和孩子都是一种帮助。

我记得于子航刚入学时，是一个非常内向、不自信的孩子，他也想表现自己，他又比较胆怯，害怕做不好。通过这个学期老师们的教导和同学们的帮助，他进步非常大，从一开始不敢参加"课前两分钟"，到后来积极准备，希望表现自己，这真是一个可喜的进步。孩子在得知我报名参加家长讲堂后，非常兴奋，和我一起找素材，并且督促我准备课堂内容，害怕我到关键时刻"掉链子"。通过这件事，我也发现了于子航身上难能可贵的责任感。于子航的各种进步，我觉得这和学校"爱育精彩"的教育理念是分不开的，也和老师们的耐心培育分不开。

这次参加家长讲堂，我发现我们班的孩子都非常地聪明、可爱，知识面都非常广，深深体会到了老师们的不易，在此我对无私奉献的老师们表示致敬。同时也希望有机会再次参加家长讲堂，到时我会以更精彩的表现和同学们进行交流。

老师这样说

用心和孩子交流

美茵校区 一（16）班 郭雅俊

每周五的家长讲堂可谓是孩子们最为期待的时光。在这堂课中，孩子们可以领略到课堂上所接触不到的文化知识，领略到各式各样的风土人情，了解各行各业的职责。

孩子们之所以对家长讲堂这么感兴趣，是因为这堂由家长精心准备的课确确实实是孩子们特别喜爱的。

还记得邢颢桐爸爸根据自己的职业给孩子们讲了有关军舰的知识。当天晚上，我们班就已经有同学想象并开始画军舰。别说，孩子听完这堂课，画出来的军舰也是有模有样。还有那堂趣味数学课，高泽恒妈妈在台上绘声绘色地讲着这些有趣的数学知识，而台下的孩子们也沉浸其中。在一个个笑容洋溢的小脸上，我知道，孩子们真的沉醉其中，在其中体验着快乐。

作为一名老师，我深知家长讲堂对家长、对孩子的意义。班里有些家长为了成功地给孩子们上一堂课，提前一个月就开始准备，制作卡通PPT。所有的家长都提前与我沟通讲授内容，积极修改。课堂上，有的家长也会突然不知所措，接不上话，面红耳赤。但这群一年级的娃娃们却以热烈的掌声鼓励他们的爸爸妈妈，缓解尴尬的气氛。

上完一堂课，家长们站在自己的角度也会对我们的工作表示支持，也会看到在学校、在课堂中自己孩子的表现。

家长讲堂是家校合作、家校联系的桥梁，同样也是家长与孩子共同合作的桥梁。孩子、家长、老师，我们一同前行，永远在路上。

"电"的知识

授课班级：美茵校区　二（1）班　家长姓名：马瑞　学生姓名：马培铵

家长简介：

马瑞，华润电力热控主任工程师。

授课主题：

"电"的知识

教学过程：

一、课前参与

讲课前提前10—20分钟来到班级，和同学们进行互动，互相认识，消除学生的陌生感，建立信任。

二、"课中讲解" 教学过程

1．课件展示"电的知识"

①电从哪儿来？

②电怎么进入千家万户？

③电的危险性。

④安全用电常识。

2．小实验

各种自制发电机。

三、课后思考

引导学生思考生活中电的产生过程，然后每个同学配置一套实验器材，在家中探究电产生的过程。

学生新知

预防中暑我知道

美茵校区　二（1）班　韩佳荷

今天下午是孙宁遥妈妈带来的家长讲堂，讲的内容是预防中暑的相关知识。这节课上，我知道了如果出去旅游，尽量穿上浅色的衣服，如果穿黑色衣服，会特别吸热，容易中暑。一旦有人中暑，我们要拨打急救电话120。在急救车来到之前，一定要把中暑人员拉到阴凉处降温，或者用冷水擦身，或在额头、颈部涂抹清凉油、风油精等。还有多喝水也可以预防中暑。预防中暑的方式还有很多，让我们一起去探索吧！

家长热议

再回首

美茵校区　二（1）班　蒋悦天家长

2017年4月的一个星期五的下午，这是我第二次有幸参加家长讲堂，我很感谢学校和老师给我这次当老师的机会。当下午3：10我走进教室，看到全班50多个坐得端端正正的小朋友，我很激动。为了缓解我的紧张，我就带领大家一起做了一个拍手游戏，孩子们积极地配合着，顿时教室里响起了掌声，我就和他们说这是他们欢迎我的到来，这些小家伙儿一起笑了起来。我给大家带来的是快乐猜谜语，我在家准备了些谜面做出了PPT，每当我说出一个谜面，全班小可爱们都把小手举起来，踊跃参加，一个个谜底被他们一一猜出来。我好吃惊，发现这些孩子太聪明了，知识面太广了。上知天文，下知地理，就连能入中药的灵芝他们也能猜出来，他们实在太棒了。这些知识的获得是和老师、家长分不开的。一节课很快就结束了，当下课铃声响起，我要和他们道别时，这些小可爱异口同声地说：老师您辛苦了，谢谢老师，老师再见！

他们让我深深体会到当老师的不易，不光要教好他们的文化课，还要关注他们的身心健康。总之，教育无小事，事事皆教育，爱育精彩，我们要做一个有素质、有要求、有爱心的家长，陪伴我们的孩子走一程！

老师这样说

正因有你　一路不寂寞

美茵校区　二（1）班　陈俊俊

为了促进学生的全面发展，真正实现家校共育，我校的特色课堂家长讲堂在每周五的下午如约进行着。

为了讲好这堂课，家长们精心备课，无论是讲授内容还是形式都受到了孩子们的喜爱和欢迎。通过家长讲堂，一方面凸显了家长作为教育者的参与性，另一方面也让孩子能有机会接触课本之外的知识。

家长们走进课堂，感受学校管理，体验教师的不易和学生的辛苦，在与孩子做了亲密的接触之后，我们的家长深有感触。他们有的说："现在的孩子的知识面越来越广，面对孩子一个又一个问题，我有时也真是无从下手！"也有的家长深深体会到了做老师的苦楚和艰辛："面对这一个个差异迥然、个性千差万别的孩子，要使每一个孩子的各方面素质得到提升，也真难为我们的老师了！"看到自己的工作得到家长的认可，我们老师也感到欣慰。家长讲堂的开展，既增加了学校和家长的沟通，也让学生学到更多知识。今后，我们将会利用家长讲堂这个丰富的教育资源，拓展学校的教育内容和同学们的学习经验，更好地形成家校教育的合力。

中国传统用餐礼仪

授课班级：美茵校区　二（7）班　**家长姓名：**闫娟　**学生姓名：**刘天娇

家长简介：

闫娟，中国平安综合金融集团理财经理。

授课主题：

中国传统用餐礼仪

教学过程：

一、谜语导入

姐妹两个一样长，厨房进出总成双。千般苦辣酸甜味，总让它们第一尝。（打一日常生活用品）

二、讨论交流

吃饭时怎样做才卫生文明？

1. 吃饭前：洗手，正确地摆放碗筷。

2. 吃饭时：

①了解使用筷子的姿势。

②等长辈就座后，才可以就座。

③未上菜时，不能摆弄杯、碗、筷等，长辈开始吃了，才可以吃。

④用餐时，口中有食物，不宜说话；打喷嚏、咳嗽，应面朝餐桌后面，拿手帕或餐巾遮住口鼻。

⑤不要在饭桌上提到"好难吃""厕所"之类的词，惹别人倒胃口。

⑥骨头残渣不可直接吐在桌面上，应放在骨盘里或备用的盘里。

⑦不要把筷子、汤匙放在口中吸吮。

⑧不用筷子在盘内翻上翻下犹豫不决，不可夹了食物又放回原处。

⑨不拿筷子当牙签剔牙或拿着筷子比画着与人谈话。用餐时轻声说话。

⑩长辈给自己倒饮料，不想喝时，宜婉转谢绝，不可摇动双手，用手盖住杯口或将杯子扣着。

3．在学校集体用餐时：

①在老师的指导下有秩序地进入餐厅。

②坐在指定的座位上，两脚自然并拢，双腿自然平放，坐姿自然，背直立。

③要安静、文明进餐。

④饭、菜、汤要吃干净；不偏食、不挑食。

⑤碗、碟轻拿轻放，摆放整齐。

三、总结

四、作业

回家让爸爸妈妈给自己的吃饭礼仪打分。

学生新知

家长讲堂有感

美茵校区　二（7）班　朱孜心

我对家长讲堂非常感兴趣，因为在这个时间，我们学习到了在课堂上学不到的东西。

我印象最深的一次是马梦雨爸爸和一个叔叔给我们上的军事训练课。他们带领我们来到操场上，让我们站好队，炎热的夏天，还在操场上，不一会儿我们就大汗淋漓，叔叔们的衣服也都湿了。这时我才知道，一个军人是多么不容易，那么热的天还不能休息，我要向他们学习。

我特别喜欢家长讲堂这项活动,希望家长讲堂能够一直继续下去。

家长热议

爱育精彩常参与,孩子家长共成长

美茵校区 二(7)班 詹宜铭爸爸

选择北京第二实验小学洛阳分校,选择的是一种教育理念、一个教师团队、一个成长环境,无疑我的选择是正确的。教育专家说"没有爱就没有教育",通过一次次的活动,切身感受到学校的爱心、理念与和谐。其中参加家长讲堂的感受最为深刻,大致有以下几个方面。

一、个人参与让家长养成终身学习的好习惯

每一个成年人都有自己的工作环境和工作方式,走上讲台讲课相当于跨行业、跨领域工作,正因为如此才促使家长不断学习新的知识,其实家长学习的过程无形中给孩子传递了正能量、树立了好榜样,何乐而不为?终身学习是一种责任,更应该是一种生活方式。

所以,家长讲堂让家长们参与进来,并养成终身学习的好习惯是一种优秀的模式。

二、家长讲堂提高孩子的自豪感和自信心

哪个孩子的家长站在讲台上讲课,哪个孩子一定最自豪。在孩子成长的道路上,家长的陪伴是不可或缺的,但是真正让家长给孩子上课,尤其是给班里所有孩子上课,这个过程对孩子自信心和自豪感的培养是无可比拟的。其实在讲课之前,孩子比家长还着急,不断地提醒家长要准备好。说明孩子的心情很激动。说白了,孩子想让家长去一展风采,为了不辜负孩子的期望,家长也自然愿意多付出精力来安排。在这个过程中,家长和孩子多了很多的

交流，比如要了解小朋友们都喜欢哪方面的知识，哪个小朋友有什么特长，等等。

三、全员参与让班级成为和谐的大家庭

"叔叔好，您能帮我把后面的扣子扣一下吗？""宜铭爸爸，你模仿的孙悟空真像，能不能教教我？"……孩子们向一个成年人请求帮忙或是撒娇，说明孩子们喜欢这个人，不光我有上面的经历，很多家长都有这样的经历。

"亲们，我在路上堵车，请帮忙照看一下孩子。""您慢点开，不着急，我们在这里呢！""亲们，儿子的彩纸不够用了，美术课上谁能借点给他？""放心吧，我家姑娘带了一大包，到时候一起用就是了"……这样的对话就出现在二（7）班的家长群中。记得在入学前的那次家长会上，老师说学校的老师见面问好都说"家人们好"，此刻我深深地体会到这句话的含义。家长讲堂让所有的家长和孩子相互认识，同时也让家长们相互认识，大家心往一处想，劲往一处使。

四、全程参与让爱在教育的道路上没有缺失

家长讲堂作为学校的常规工作持续开展，可以让家长在孩子六年的小学生活和学习的过程中全程参与，让爱在教育和成长的道路上没有缺失。经常听到一些家长说，我们孩子在小学的时候每次考试都是名列前茅，可是到了初中之后，不仅成绩下滑而且一股子犟劲，经常和家长顶嘴。小学的六年学习生活中，家长陪伴越多的孩子，到了青春期越不容易叛逆。作为家长能够陪伴孩子的时间也就这十几年，或者说孩子需要家长陪伴的时间也仅仅有十几年，而这十几年恰恰是孩子最不成熟，而且发展最快的十几年，这十几年需要的陪伴最多也最重要。所以我想说家长讲堂让家长全程参与，让爱在教育路上没有缺失。

我期待着下一次的家长讲堂，同样期待着每一位孩子在成长的道路上每

周都有充满爱的家长讲堂。

老师这样说

家校共育精彩纷呈

美茵校区 二（7）班 张晓茹

"家校合作共育"一直是我们学校的亮点工程！在这一方面，我们学校重点开展了家长讲堂活动。这一活动坚持至今，无论是孩子、家长，还是我们老师，都收获满满！

我们班至今已有52名家长登上教室的讲台，为孩子们带来各具特色的课堂。

家长讲堂活动丰富了学生的课堂内容。有的家长介绍了自己工作领域的知识，比如胡佳妮妈妈，她身着警服，给孩子们介绍了警察工作的日常，介绍了自己职业领域的知识，分享了自己的职业成长经历和从业感悟，起到了为孩子的职业规划奠基的作用。这是学校教学没有涉及的领域，开拓了学生视野，丰富了教学内容。

冯靖淇爸爸热情地邀请孩子们到他们工作的基地——现代农业科技园参观，让孩子们通过亲身体验，去了解一些农作物的特点！也让其他家长认识到，到家长的工作单位参观调查、实践也不失为家长讲堂活动的好形式。

作为"家校合作共育"的重要形式，家长讲堂加强了家校联系，增进了家校的相互了解，对学校工作和家庭教育都起到了推动作用。家长到孩子所在班级上课，增强了自己子女的自豪感和自信心，家长讲堂活动对授课家长的孩子的学习和孩子所在班级的管理都起到了促进作用。家长宝贵的人生经验和人生感悟能面向除自己孩子以外的更多的人，这无疑是一件有意义的事情。

诚实的花朵

授课班级：美茵校区　二(8)班　家长姓名：张琳　学生姓名：刘垚鑫

家长简介：

张琳，老城区坛角小学教师。

授课主题：

诚实的花朵

教学过程：

一、欣赏歌曲，激趣导入

播放歌曲《好孩子要诚实》。

思考：从这首歌中，你知道了什么道理，请与你的同桌互相分享吧！

今天我们就来学习"诚实的花朵"。（板书课题：诚实的花朵）

二、学习课文，明白道理

1. 讲故事：

小亮的哥哥：大家好，我是小亮的哥哥。

小亮：大家好，我是小亮，我很想跟你们做朋友，可是……

师：看来小亮遇到困难了，究竟怎么回事，想知道吗？（语速放缓，语调平稳稍低）那就静心欣赏小故事吧！

小亮的哥哥：小亮，我们出去玩儿吧？

小亮：明天就要交手工作业了，可我……

小亮的哥哥：我有办法……（过了一会儿）看，我帮你做的。

小亮：这……

小亮犹豫了一下接过了哥哥的手工作业。

小亮把手工作业交给了老师。

老师：小亮，你的手工进步可真快，做得真好，这次请你代表我们班参加艺术节的手工比赛。

小亮：我……

这时小亮紧张极了。

①故事听完了，你们认为小亮这样做对吗？为什么？

②老师和同学们都夸小亮做的手工作业好。可是小亮受到了这样的表扬，心里是怎么想的呢？他有什么感受？把你的想法与同桌交流交流。

③对于小亮，我们是不理睬他，还是应该帮助他呢？

2. 同学们，大嘴鸟先生也知道小亮的故事，而且听到了你们的评论，它也有个好听的故事想与我们分享呢，请看动画片《手捧空花盆的孩子》。（出示课件）

其实故事中的国王想看的不是哪个孩子种的花最漂亮，而是哪个孩子最诚实。要知道诚实是一个人最重要的品质，不管他是国王还是一个普通的孩子。

3. 故事听完了，小亮听了后会怎样想呢？他又是怎样做的呢？请同学们打开课本看第47页的图片。四人小组评一评、议一议：小亮是不是个诚实的孩子呢？

小亮承认并改正了自己的错误，依然是诚实的孩子。大嘴鸟也说：做一个诚实的孩子，首先要有勇气承认错误。（板书：要有勇气承认错误）

4. 听了这个故事，你们认为，怎样做才是诚实的孩子呢？

知错就改，不说谎话。（板书：知错就改，不说谎话）

三、创设情境，讨论辨析

在大家的帮助引导下，小亮承认了自己的错误，选择做一个诚实的孩子。接下来，大家看以下两位同学的做法对不对，给大家说说你的意见。

1. 小东不小心把同学的文具盒弄坏了，当同学问他时，他却说不知道。

2. 小明没有完成作业，他怕老师批评，便告诉老师作业忘在家里了。

和小组的同学讨论他们的做法对不对。

小结：他们这样做是不诚实的，我们不能像他们一样，而要做诚实的孩子。诚实就像一朵美丽的花，只有诚实的人才能拥有它。

四、互动交流，激发共鸣

1. 小活动：放飞我们的不诚实。

2. 你们就是诚实的花朵，生活在真善美的小世界，欣赏歌曲《真善美的小世界》！（课件播放歌曲）

五、总结

做诚实的人，说诚实的话，干诚实的事，让诚实之花开在我们心里。

学生新知

难忘的家长讲堂

美茵校区　二（8）班　白晟楠

我一年级下学期刚开学的时候，谷老师号召所有的家长都积极参与家长讲堂活动。我们一家就讨论家长讲堂定什么主题，恰巧我们正在学七巧板，爸爸就把题目定为"认识七巧板"。我们一家去超市买了50多套木质的七巧板，爸爸还在网上查找资料，做了一个精美的PPT课件。

在家长讲堂上，爸爸首先送给每位同学一套七巧板，教室里顿时充满了快乐的气氛。爸爸向同学们介绍，七巧板、华容道、九连环还有鲁班锁被称为中国四大古典玩具。七巧板起源于宋代，最早被称为"燕几图"，发明人是黄伯恩。七巧板由七个图形组成，其中有五个三角形、一个正方形和一个平行四边形。

接下来，爸爸向同学们展示了如何用七巧板拼成人、兔子、猫等各种图案，同学们纷纷学着拼了起来，教室里的气氛更加活跃了，同学们充分发挥想象，拼自己喜欢的图形……爸爸开启了挑战赛，让同学上讲台进行七巧板拼图比赛，同学们有的拼出了数字1，有的拼出了英文字母A，有的拼的是船，还有鹅、鱼、飞机等图案……

通过爸爸讲"认识七巧板"这一节课，我和同学们不但学到了七巧板的相关知识，而且深深为中国古代文明感到自豪和骄傲。这种寓教于乐的学习方式，生动有趣，我们更深刻地认识了三角形、平行四边形、正方形这几个基本图形。

在我眼里，这就是最有趣且难忘的家长讲堂。

家长热议

诚实的花朵

美茵校区　二（8）班　刘垚鑫家长

又一次来到北二分参加家长讲堂活动，每次接到家长讲堂的任务，心里都非常忐忑，孩子常说哪位阿姨讲了什么科学知识、哪位叔叔讲了什么实验……我又能讲些什么呢？老早就开始构思我该讲些什么。我要用有趣的事情吸引孩子们。突然有一天，想到"诚实"，多么好的题材，是啊，小学生需要的就是这种思想教育。

果断定题"诚实的花朵"。首先用一歌曲《好孩子要诚实》引出此次的主题，小朋友在听歌的过程中还是比较集中精力的，歌词反映的就是一个小朋友把花瓶打碎了，还不让小猫咪告诉爸爸妈妈。孩子们在歌声中能清楚地听懂事情的经过，孩子们回答得非常好，真是一群聪明的小家伙。

之后，打开PPT，让孩子们听《手捧空花盆的孩子》这个故事，看着每一个认真的孩子，心里暗暗窃喜，题材没选错。认真的孩子当然听得懂了，问他们：为什么国王让那个没有种出花的小孩子当国王呢？孩子们个个都能回答出来，要诚实才是一个好孩子。

在这堂课上孩子们知道了诚实是一种美德。

构思是美好的，课堂其实是有点乱的，毕竟在这里身份不同，场面不太好控制，自己又不想给这群孩子们留下不好的印象。

通过参与这样的活动，家长切身体会到了老师的辛苦、老师的无奈，是真正的换位思考啊！也让当妈妈的我见到了孩子们的笑脸和他们的单纯、积极、聪颖，也看到了自己孩子上课的表现，明白了学校组织这样活动的良苦用心。

老师这样说

别样的家长讲堂

美茵校区　二（8）班　谷晓飞

"孩子们，春节大家都收到了压岁钱，你的压岁钱有什么安排？""我要去买我最喜欢的玩具。""我要买学习用品。""我妈妈把我的零花钱存到了银行。"……孩子们的小手高高举起，你争我抢纷纷说出自己的想法。这是今天牛牧然的妈妈为孩子们带来的"你的压岁钱怎么花才有意义"课堂现场。

这节课让我眼前一亮！新年刚过，孩子们都收到了压岁钱，这些钱怎么安排？牛牧然妈妈先把问题抛给孩子们，孩子们热情高涨地说出自己的想法，在肯定孩子们的想法之后，她出示了一些贫困地区的图片，引导孩子们在合理安排零花钱的同时，可以帮助贫困地区的孩子，献出自己的一份爱心。孩子们被图片深深感动了，纷纷表示要用自己的力量去帮助那些需要帮助的人。

每周五下午的家长讲堂是孩子们的盛宴。家长讲堂上，有的家长结合自身职业，让孩子们了解每个职业的特点；有的为孩子们带来了手工课，和孩子们一起折纸、玩彩泥，一个个漂亮的作品在孩子们手中诞生；有的为孩子们带来了神奇的科学小实验，激发孩子们探求科学的奥秘；有的为孩子们讲述自己的故事，让孩子们对爸爸妈妈有更多的了解……每次的家长讲堂是我和孩子们特别期待的时候，孩子们期待新鲜的事情，而我更愿意看到每位家长能和孩子一起学习、一起成长、一起分享，这是一件多么快乐的事情。

认识钱币

授课班级：美茵校区 二（9）班 家长姓名：才智 学生姓名：才毅

家长简介：

才智，东海证券栾川君山中路营业部总经理。

授课主题：

认识钱币

教学过程：

一、导入

老师：小朋友们知道买东西需要什么吗？请小朋友们讨论后回答。

老师：可是小朋友们不太清楚它们的面值是多大，是硬币还是纸币。今天老师带来好多纸币和硬币，我们大家一起来认识一下吧！

二、授课

1. 请小朋友们将硬币和纸币分类

将硬币和纸币摆在桌子上，请小朋友们观察硬币和纸币在外形上的不同之处并进行分类。

2. 和小朋友们一起认识老师准备的"中国人民银行"字卡和国徽的图片。

3. 请小朋友们仔细观察钱币两面，提出问题："你是从哪里发现是我们中国的钱币的？"（每张纸币上都写有中国人民银行字样、印有国徽）

4. 根据纸币的图案和颜色认识纸币的面值

①拿出面值为100元的纸币进行辨认。

②分别拿出面值为50元、20元、10元、5元、1元纸币作对比进一步来认识

其面值。

首先引导小朋友从数字上来认识每张纸币的面值是多少。然后分别从颜色、毛泽东头像、纸币背景图案及数字这几个方面来认识面值为50元、20元、10元、5元、1元的纸币。

③进一步认识纸币的面值和印刷图案。

5. 认识硬币及其面值、色彩。

6. 小朋友之间相互交流，将交流的结果用"这是×元钱"这句话来表达。

三、结语

今天我们一起认识了硬币和纸币，也知道了它们的用途，请小朋友要爱惜和保护钱币，不能随意去破坏它们，有计划地使用钱，养成勤俭节约的好习惯哦！

学生新知

最难忘的家长讲堂

美茵校区 二（9）班 庆幼荷

每周五下午会有一节叫家长讲堂的课，虽然家长讲堂的内容五花八门，但我最难忘的是王翼龙妈妈的家长讲堂。王翼龙妈妈讲的内容是"我是最棒的"。她问大家哪个小朋友愿意上台来说说自己的优点，这时我想到我作文写得很好，很想上去说，可是我又很害怕，不敢上讲台。突然我想到上次学校开运动会，我因为害怕失败啥项目也没有报，后来很后悔，所以我一定要上去说。想到这里我举起了手，和其他两位同学上台说了自己的优点。说完了，王翼龙妈妈让大家给我们热烈地鼓掌，我随着掌声面带笑容地走下了讲台。这节家长讲堂使我明白了："要自信，要相信自己是最棒的！"

> 家长热议

成 长

美茵校区 二（9）班 李若绮爸爸

周五，到我上家长讲堂了。

走上讲台，看着台下一张张天真可爱的小脸，心里不由得忐忑起来。为了快速稳定课堂秩序，把握课堂节奏，不至于被小家伙们的提问搞得措手不及，我先把精心准备的宇宙和银河的动态PPT图展示了出来，吸引住他们的注意力。果不其然，小家伙们"哇哇哇"惊叹起来。我趁机对宇宙的无限大和银河的璀璨美丽进行了讲解和提问，孩子们竟然知道牛郎、织女星，人马座和仙女座，甚至还知道光晕。对于积极回答的小朋友我用一块小橡皮作为奖励。这下他们表现得更好了。

我从宇宙和银河的知识延伸到我们的地球，让大家从太空中看到蔚蓝色的地球，神秘而美丽。告诉他们虽然宇宙间有成千上万的星体，但目前适合我们人类生存的星球就只有这一颗，地球是我们的母亲，是我们的根。保护地球、保护地球环境就是保护我们自己的家。

接着，我从大陆的广袤、海洋的波澜壮阔、草地的一望无垠、高山的峰峦雄伟、雪山的巍峨和沙漠的孤寂讲起，给大家边讲边播放一些美丽风光的图片，大家不时地发出赞叹声，感叹地球的美丽……

虽然不忍心打断孩子们美好的思绪，但我还是把一些已经被污染了的环境图片播放给他们看。当大家看到美丽的环境被破坏后，嘈杂的声音消失了，教室里出现了短暂的沉默，这是对环境被污染的无声抗议……

很快，孩子们就纷纷指责这种破坏环境的行为，场面热情而激烈，稚嫩的语言大声地控诉着，让我感受到孩子们对家园的热爱，对破坏环境的愤恨。

一节课下来，我深深地感受到老师的不易，特别是带低年级的老师，学生多，年龄小，规则意识不强，一面要提高学生成绩，一面要培养学生素质，这个过程中老师的付出我们难以想象。将近两年的时间，从全班孩子身上散发出的那种阳光积极、文明向上、充满爱心的优良品质更能感受到老师们的努力，同时也深深地感染了我。

【老师这样说】

共育精彩

美茵校区　二（9）班　雷腊腊

家长讲堂是我们学校的特色课程，每班的50多名家长，来自不同的领域，从事着不同的工作，他们根据自身职业的特点教给孩子们不同的知识，让孩子们了解不同职业都具体从事着哪些工作，提前给孩子们树立职业意识。就像在孩子们的眼前打开了一扇窗户，是知识的窗口、增加见识的窗口，孩子们觉得每节课都充满了新奇，对于每节课都充满期待。

在北京学习时，有家长问我，我们与北京学校的区别是什么？我回答是"资源"。如今的社会是一个多元化和知识开放的时代，人的成长离不开合作、共享，而我们的家长讲堂正好把家长资源整合并有效利用，也有效弥补了教师所处环境封闭和知识单一的特点。才毅的爸爸是银行工作人员，他给孩子们带来了有关钱币产生过程的知识，从那一双双聚精会神的眼睛中就能看出他们听得有多么认真，他们还从来没有听过这样的知识呢！李若琪的爸爸给孩子们带来了有关星球的知识，这可是小男生们最感兴趣的领域了，他们高举着小手要分享、要提问，感受着大自然的奥妙。陈牧歌的妈妈是警察，她给孩子们进行了安全知识讲座。夏天快要来了，美哆妈妈用心制作了PPT，教给孩子有关防溺水的知识。曹恩硕的妈妈更是根据孩子们的年龄特点教孩子们如何组装机器人，孩子们眼睛都亮了，激动得不得了。有时候，坐在教室后面的我也被深深吸引，如同回到了多姿多彩的童年。

作为家长能够零距离地了解自己孩子所在的集体，关注孩子的上课表现和听讲状态，认识孩子在学校结识的好朋友，更深入地理解孩子，并且以老师的身份站在讲台上，这种机会是多么难得，也是一种让人难忘的人生体验。为了让自己的课更完美，每位家长讲课前都提前和班主任沟通，尽量选择贴合孩子年龄特点的、孩子喜闻乐见的、能对孩子起到教育意义的知识或话题。课后家长们共同的感受就是当老师不容易，他们深刻感受到老师对孩子的用心付出，并表示为了孩子的成长一定和老师一起努力。

通过家长讲堂也增进了班级大家庭家人之间的联系，我们的班集体更有凝聚力。才毅的妈妈结合学校的教育理念和我们班的"手拉手，爱相传"的家校教育主题设计了班徽。班徽中间大手拉小手的标志让人感动，飞扬的爱、深情的爱呼之欲出。二（9）班真是个有爱的大家庭，每位家人都心怀大爱，把二（9）班的孩子当作自己的孩子来爱，每位家人都在为我们的大家庭默默付出。他们陪伴孩子一起进步，一起精彩！

保护地球环境

授课班级：美茵校区 二(9)班　家长姓名：李军利　学生姓名：李若绮

家长简介：

李军利，私营企业主。

授课主题：

保护地球环境

教学过程：

一、通过PPT图片的综合展示，让同学们认识到即使茫茫宇宙中星球无数，但地球是我们唯一赖以生存的家园，保护地球环境是我们每个人义不容辞的责任

二、通过PPT图片的展示，让同学们知道我们生活的环境有很多地方正在趋于恶化，环境的整治和保护刻不容缓

三、作为地球村的公民，要树立保护环境的意识，从自身做起，用实际行动来确保我们地球的完善和健康

1. 海洋占地球面积的70%以上，海洋的主要污染源是石油泄漏和陆源的污染。

2. 森林是陆地生态的主体，应坚决杜绝乱砍滥伐，大力倡导植树造林，增加绿色植被的覆盖率。

3. 大气污染是我们现在面临的最大危机，应节能减排，倡导绿色出行，减少工业排放等。

四、让同学们通过提问发言，阐述自己对环境保护的建议和想法。

1. 提问关于环境日的小问题，并提倡当日开展什么活动。

3月12日植树节（每人栽种一棵树）；

3月22日世界水日（节约每一滴水）；

4月7日世界卫生日（集体大扫除）；

4月22日地球日（外出集体拾捡垃圾）；

5月31日世界无烟日（劝告身边的人少吸烟、不吸烟）；

6月5日世界环境日（绿色出行）。

2．自由发言，还有哪些行为会造成环境的污染？怎样合理控制？

3．全班分组讨论自己对环境保护的建议和想法。

五、总结

同学们从小要树立环保意识，养成良好的环保习惯，要有以环保为荣、以破坏环保为耻的观念。倡导同学们从身边的每一件小事做起，管好自己的同时要勇敢地制止身边不文明的和破坏环境的行为。

学生新知

家长讲堂感受

美茵校区　二（9）班　周鑫然

我们班开展家长讲堂已经两年了，我印象最深刻的是妈妈讲的"饮料的危害"。

妈妈讲了一个故事，河北有一个5岁的小男孩，早晚不刷牙，很喜欢喝可乐，每天都喝很多，每天睡觉前都要喝。突然有一天，牙疼得厉害，家长带他去口腔医院看牙。他张开嘴的时候，医生吓了一跳，原来，他的满口牙都烂了，原因就是喝了太多的饮料。

我们听了这个故事后都惊呆了，吓得我们再也不敢喝饮料了。

妈妈讲课的时候很认真，她的声音很洪亮，表情很丰富。同学们被她讲的课吸引了，都端正地坐在椅子上，就连平时上课最爱捣乱的同学也在认认真真听讲。妈妈今天讲得非常精彩,我为我的妈妈感到骄傲。

通过妈妈的这节家长讲堂,我明白了以后不能乱喝饮料了。小朋友们,你们以后也不要多喝饮料哟!

我特别喜欢每周五的家长讲堂,我们学到了很多很多的知识,谢谢亲爱的爸爸妈妈!

家长热议

只有走上讲台,方知教师之苦

美茵校区　二(9)班　葛畅妈妈

在孩子入学的第一次家长会上,我就听说学校每周举行一次家长讲堂,每位家长都要以老师的身份去给孩子们上一节课。等轮到我时,我要给孩子们讲些啥呢?当时心里就有点儿怵。

这一天很快到来了,接到老师的通知后,心里很忐忑,孩子们那么小,课该怎么备、怎么上?前思后想,最后确定了课题:安全课。安全直接关系到孩子们能否安全、健康地成长,关系到每个家庭的幸福安宁和社会稳定。对!我就从家庭用电安全及电梯的安全乘坐讲起。

接下来,从找资料、找素材开始,请教单位抓安全的同事。做好的PPT改了又改,色彩够不够鲜艳,警示牌是否醒目,动画人物是不是孩子们耳熟能详的角色,语言必须浅显意懂,背景音乐得符合孩子们的喜好……

终于做了个自认为非常完美的课件。接下来,为了能够吸引孩子的注意力,我设计游戏环节,并准备一些小奖品……

很快就到了星期五下午,我带着大堆的奖品早早来到了教室。雷老师和气地安抚了激动的我。我擦了擦手心里的汗,面带着微笑第一次走上讲台,第一次面对52个可爱天真的孩子,第一次被称为老师,第一次感觉到这短短四十分钟一定要让它精彩并让孩子有所收获，第一次感觉到肩上的那份责任！那种愉悦、激动、紧张、神圣，从未有过。

尽管课备得很充分，但事与愿违，太多太多的意想不到，天真无邪的孩子随时都会打乱我的思路，甚至让我有点措手不及。一节课下来，嗓子已经有点干痛，双腿不知是因为紧张还是因为长时间的站立而感到有点儿酸。

一节课下来，我已深深感觉作为教师的不易。教师是一门艺术性极强的职业，因为你必须想尽办法吸引孩子的注意力，还要有足够的亲和力与忍耐力，还得竭尽全力传授你所要讲的内容，缺一不可！同时教师也是一份极其辛苦的职业，每天的备课、讲课，面对刚入学的孩子，所有的规则都得去引领、教导。他们日复一日，年复一年，默默地耕耘在三尺讲台，以爱育爱，任岁月流逝，风华燃尽，只为孩子们能有一个更加精彩美好的未来！

只有走上讲台，方知教师的辛苦，只有亲身经历，才知教师的不易！

甜蜜的诱惑

授课班级：美茵校区 二(10)班 家长姓名：周爱丽 学生姓名：张智翼

家长简介：

周爱丽，洛阳市栾川县第一高级中学老师。

授课主题：

甜蜜的诱惑

教学过程：

一、出示教学大纲

1. 摄入量。

2. 分类。

3. 隐形糖。

4. 过量危害。

5. 合理控糖。

二、教学导入

问题导入：糖的推荐摄入量是多少？（25g）

三、糖的分类

天然糖；人工合成糖。

四、隐形糖

在我们日常的食物中，其实包含着许多"隐形糖"，上面没写"糖"，你也吃不出有糖，却是含糖大户，我们称它为"隐形糖"。（展示图片）

五、过量饮糖对人类的危害

1. 龋齿。

2. 肥胖。

3. 增加糖尿病的风险。

4. 增加痛风危险。

六、合理控糖

七、教学互动

1. 现在给你一瓶碳酸饮料，你还敢喝吗？

2. 在生活中你能举出哪些东西里含有糖呢？

①食物：小麦、玉米、大米、红薯等。

②水果：苹果、梨、橘子、芒果等。

③甜点：月饼、蛋糕、饼干等。

八、课堂小结

通过这节课，让学生们认识了生活中的各种各样的糖，合理使用和控制糖的摄入量，从而达到健康成长的目的。

◆ 学生新知 ◆

今天，妈妈是老师！
美茵校区　二（10）班　董金凝

从一年级开始，家长讲堂于每周五的下午如约而至。家长讲堂有趣极了，上至天文，下至地理，带给我丰富多彩的课外知识。有讲安全教育的警察叔叔，有讲食品安全和预防蛀牙的阿姨，有物理知识的科学实验，也有神奇的魔术，有好玩的折纸和搭建，有茶道、花式扭气球，更有现代交通工具的演变史、穿越老洛阳和理想中的大学……其中我最喜欢的是妈妈讲的"在树下发现秋天的宝藏"。

我喜欢秋天，它是美丽的季节，是金黄的季节，更是收获的季节！它如同百花盛开的春天一样令人神往，如同骄阳似火的夏天一样热情，如同白雪飘飘的冬天一样迷人。

这堂课妈妈大概讲了八九种树。我印象较深的有橡树，它枝干粗壮，叶子长得像人的手掌，形态优美庄重，被誉为"森林之王"。橡树的新生树叶是亮红色，成熟后是深绿色，秋天又会变成橙红色。

皂荚树果实中的某种成分有去污功效，在化学肥皂引入中国前，人们会把皂荚泡在水中洗澡和洗衣服！

银杏树树叶的形状像一把小扇子，边缘像波浪一样弯曲。最有趣的是，它不分反正，两面都一样，到了秋天就会变成黄绿色，甚至是金黄色，好看极了！银杏的果实也叫白果，营养丰富，但食用过量或食用方法不当会引起中毒。

无花果树生长在温暖湿润的地方，它并不是没有花，只是深深地陷在花托里不容易被看到。它的叶片宽大，叶子边缘有深浅不一的凹陷，样子十分可爱。无花果的果肉是红色的，甘甜似蜜、清爽可口，可以直接食用，有益健康。维吾尔族人称无花果为"安居尔"，意思是"树上结的糖包子"。

还有佛门圣树娑罗树，开着像宝塔一样的花，它的种子叫娑罗子，可入药。功效理气宽中，和胃止痛。通过这些我才知道那些平凡的大树并不平凡，浑身都是宝。

这堂课还告诉我叶子变色的原因，如花青素遇碱变蓝、遇酸变红以及光合作用。

妈妈站在讲台上温柔地讲着话，声音甜美，我心里别提有多激动了，感觉她是我最大的骄傲！每每和妈妈在小区里散步，我总会指着一些植物告诉妈妈我的发现……原来大自然给了我们最好的。我们要爱护花草，保护环境，让生活变得更加美好!

家长热议

家长讲堂随想

美茵校区　二（10）班　李昊阳家长

　　转眼间儿子上小学已经快满两年了，其间给班上的孩子上了两节家长讲堂。第一次是孩子刚刚入学的时候，听说北二分有一个家长讲堂的课程，感觉很特别。班主任通知家长讲堂按照孩子的学号顺序进行，恰巧孩子的学号是1号，一下感觉很是紧张。对于刚刚进入小学的孩子们，该讲些什么呢？孩子们的接受能力又是什么样的呢？我完全没有头绪。思来想去，最终决定讲一些飞机的知识吧，也许孩子们会有兴趣。主题确定下来之后，开始准备课件，考虑到孩子们刚刚从幼儿园毕业，认知能力有限，最终课件主要是以图片为主。删来改去的，前前后后用了将近两周的时间。虽然面对的是一帮六七岁的孩子，但走上讲台的那一刻，还是有些小紧张和小激动。这个阶段的孩子，对世界充满好奇和渴望。整个讲课过程中，我每更换一张不同的图片，孩子们都会惊讶地"啊"一声，满满的成就感。

　　第二次参加家长讲堂，已经到二年级临近学期末了。还是那帮孩子，经过两年的小学生活的洗礼，已经悄悄地长大了。上课前的间隙，好多孩子跑到我身边来问："老师，你是谁的爸爸啊？""叔叔，你要讲什么东西呀？""老师，这个是做什么用的呀？"孩子们热情、活泼，完全没有了刚刚入学时的腼腆和拘谨。这节课的内容是几个简单的科学小实验，由于一二年级还没有开设实验课程，孩子们在上课过程中非常兴奋，积极响应，小手举得老高，争相上台亲手做实验。

　　家长讲堂真的是一种不错的课堂形式，一方面，因为大多数家长会将一些自己从事行业的知识通过通俗易懂的方式讲述给孩子，能够使孩子们接触到很多书本以外的知识，拓宽视野；另一方面，也可以让家长近距离地亲身感受孩子在校园里的学习状态以及成长历程。

家长讲堂为家长、学生搭建了一种新颖的沟通、互动平台，希望以后越办越好、越办越精彩。

老师这样说

讲台　舞台

美茵校区　二（10）班　段武杰

学校的讲台不仅仅属于老师，也属于孩子，这里是孩子们尽情展示自己的一方舞台。他们利用"精彩两分钟"锻炼自己，成就精彩。这里也属于每一位家长朋友。

带班将近两年了，这方小小的讲台曾经欢迎过50多位尊贵的客人，来自各行各业的家人朋友在这里秀出他们的风采。

这方小小的讲台，曾经有医生亲自传授孩子们预防疾病的推拿手法；曾经有老师手把手教孩子们制作魔法气球，折各种可爱的小动物，做自己喜欢的奇异冰糕，搭造型奇特的糖果宝塔；曾经有茶艺师现场讲解如何选茶泡茶，当一杯清香扑鼻的茶水滋润了孩子们那颗求知的心田，一颗传统文化的种子开始发芽。

这是一座舞台，每周登台的人物在变，但登台的就是主角，各有各的绝活。孩子在这里见证平素熟悉至极的亲人登台时的那份荣耀与神圣，54双眼睛共同见证了亲人陪伴自己成长的精彩瞬间。

这是一扇窗，它为孩子们呈现了一道道奇异的风景：花儿为什么这样红？泥土里有什么？白纸上写密信行吗？军功章有你的一半，也有我的一半。

看我馒头 72 变……多元的文化，开阔了学生的视野。

这是一座桥梁。来到此处的客人，在驻足观赏这里旖旎风光的同时，也深深体会到作为一名园丁的不易。大家说得最多的一句话就是："你们才是最辛苦的，真不容易！"家长讲堂架起了学校和家庭之间沟通的桥梁，让我们进一步了解家庭，也让家长切身体会师者的苦与乐，增进了彼此的情谊。

这独特的家长讲堂正用它不变的时间、不减的热情、不一样的精彩，续写着教育的传奇。

认识我们的土壤

授课班级：美茵校区　二（10）班　家长姓名：张瑞昌　学生姓名：周思彤

家长简介：

张瑞昌，河南科技大学教师。

授课主题：

认识我们的土壤

教学过程：

一、与同学们讨论他们心目中的土壤：下雨后的泥巴、小区里的草地、道路边的树坑等

二、土壤的含义

三、土壤的来源

四、土壤的种类

1. 按照质地分类

土壤的质地简单来说就是土壤颗粒的大小。

第一类是砂土，它的颗粒很粗，就跟我们平时玩的沙子一样，去过海边的同学应该见过沙滩，沙土就跟沙滩差不多。

第二类是黏土，它的颗粒非常细，我们平时捏泥人、做陶艺的土就是黏土。

第三类是壤土，它的颗粒比黏土大、比砂土小，我们在洛阳平时见到的土壤大多都是壤土。

2. 按照颜色分类

第一类看颜色我们就知道是黑土，主要分布在我国的北方，它的营养很丰富，

可以种植很多粮食，比如玉米、大豆等。

第二类非常漂亮，颜色红红的，很鲜艳，它是红土，主要分布在南方，虽然颜色漂亮，但是它的营养很少，很多时候只能种植水果。

第三类颜色也很好看，黄黄的，是黄土，分布在我国西北部，因为那里非常干旱，经常不下雨，所以黄土地上经常是光秃秃的，风一吹就变成尘土飞上了天。

第四类颜色为棕色，叫棕土，分布在我国的中东部，我们洛阳的土壤就是棕土，它也可以种植很多粮食和蔬菜。土壤有这么多种类，那它有什么作用呢？

五、土壤的作用

1. 土壤中可以种花、草、树、粮食、蔬菜。

2. 土壤蚂蚁、蚯蚓等小动物的家。

3. 土壤可以建房子、修道路。

土壤有这么多作用，那同学们应该怎么保护土壤呢？

六、保护土壤

1. 同学们应该随手把垃圾放入垃圾桶，不乱丢。

2. 同学们应该用环保的购物袋，少用塑料袋。

3. 同学们应该爱护花草树木，不要随意踩踏草坪。

4. 要像《熊出没》中的熊大、熊二一样保护森林。

七、不保护土壤的后果

1. 美丽的草原就会变成沙漠。

2. 污染的土壤会长出来有毒的粮食和蔬菜，人吃了后会生病。

3. 在污染的土壤上建的房子，人在里面住久了也会生病。

八、总结

让我们携起手来，一起做保护土壤的小卫士。

低碳出行　从我做起

授课班级：美茵校区　二（11）班　家长姓名：杨伟　学生姓名：杨舜涵

家长简介：

杨伟，中航锂电（洛阳）有限公司工程师，爱好足球、羽毛球。

授课主题：

低碳出行　从我做起

教学过程：

一、出示授课题目。

低碳出行，新能源保驾护航。

二、提问：我们期望的环境是什么样的？

听小朋友回答后，把美好的环境图片展示出来。接着提问："我们的环境现状如何呢？"同学们会积极地思考并回答，然后对他们的回答一一表示肯定，再以图片的方式告诉大家，是这样的吗？同时把造成的危害告诉大家。

三、提问：我们应该怎么办呢？

抽取几名同学回答。提出本次讲解的主题，新能源就能解决环境问题——低碳出行，从我做起。

四、认识电池

从5号、7号一次性电池，到铅酸电池，再提出新能源电池。讲解为何叫新能源电池，以及新能源电池的应用等。

五、总结

告诉大家，我们要爱护环境，从身边的小事做起，从自身做起，不乱丢垃圾，垃圾分类放置，让天空湛蓝是我们的理想，让能源洁净是我们大家共同的追求。

学生新知

我喜欢上家长讲堂

美茵校区　二（11）班　杨舜涵

家长讲堂每周举办一次，叔叔、阿姨每次都能带来不一样的知识，有电脑知识、保护牙齿知识、地理知识、生活知识、科技知识、交通安全知识、童话故事等，说都说不完，这些都是我们在学校学习的补充，如果把在学校学习比作主食的话，家长讲堂就像水果一样，不仅种类丰富，颜色各样，而且非常有利于我们的健康。

每一位家长都有机会参加家长讲堂，每次我们都很期待，更期待自己的爸爸妈妈，我等待了1年多才看到爸爸上台讲课。我得到这个消息的时候高兴极了，放学回家就告诉了爸爸："爸爸，本周有您的家长讲堂，你要好好准备哟，我可是给同学们都夸了您的厉害，可不能让我丢面子。"爸爸经过了精心的准备，带去了好多东西，像电脑、电池、灯泡等，还制作了PPT。我们非常感兴趣，也学到了好多保护环境的知识，同学们也很喜欢，我因此感到非常骄傲。爸爸妈妈，我爱你们！

家长热议

家长讲堂——汽车小知识

美茵校区　二（11）班　杨若宁家长

2017年3月31日下午，怀着惶恐与责任感，我承担了这次家长讲堂任务，在做了较为全面的思考分析准备后，我走向二（11）班小讲台，向同学们讲解了与汽车相关的知识。

二（11）班的教室是温馨的，满目都是老师对同学们的激励和呵护。当我展开课题"汽车小知识"时，同学们的好奇、兴奋同时爆发。课题设计为五个内容：1. 什么是汽车；2. 汽车的基本分类；3. 汽车的基本构造；4. 汽车的发展史；5. 汽车对生活的影响与思考。为了让我能安心讲课，班主任侯老师全程站在教室后面维持秩序。短短一节课下来同学们的各种提问让我出乎意料，他们的回答又让我喜出望外。让我不禁感叹他们生活在了好的年代，知识让孩子们变得机智、聪明！

在参与这次家长讲堂活动中，我个人也收获颇丰。因长期驻外工作，对学校的了解较少，对孩子的学习关心不多。通过走进课堂，近距离了解学校氛围，我被二（11）班全体同学身上散发的那种阳光积极、文明上进的品质所感染，通过对比观察孩子们的课堂倾听及活动参与情况，我也进一步了解了杨若宁在群体学习生活中的具体情况，发现她身上有我不曾看到的一面，为我后期教育引导提供了参考。

感谢侯老师、黄老师和王老师，她们为班级建起了这么好的环境和平台，老师将家长带上讲台，参与见证孩子的成长，为家长树教育之威，为孩子树学习典范，这样的家校沟通有创意、有爱心，更有效益！我相信二（11）班在侯老师的带领下一定会越来越好！为侯老师的大爱和付出喝彩！为学校的教育理念点赞！

◎ 老师这样说

家校联合　携手共赢

美茵校区　二（11）班　侯百倩

家长讲堂是我们北京第二实验小学洛阳分校重要的特色之一，每周五下午两点五十左右，各班上家长讲堂的家长笑容满面、自信满满地走进校园，带来自己精心准备的一节课。孩子们社团活动结束后，都迫不及待地回到教室，坐得端端正正，等待着家长讲堂的开始。正因为家长讲堂深受孩子和家长朋友的喜爱，才能每周按时如火如荼地进行着。

家长讲堂内容涉及领域广，开阔了孩子们的眼界，增长了孩子们的见识。家长朋友们根据自己的工作性质或兴趣爱好，选择对孩子们成长有益的材料，传播着正能量，孩子们学到了书本上学不到的知识。回想今年的家长讲堂，内容异彩纷呈，高伟宸爸爸带来的"飞机小知识入门"，带领孩子们坐着飞机在蓝天上飞翔，还放飞了孩子们的梦想；杨若宁爸爸带来的"汽车小知识"，既让孩子们对汽车有所了解，又让孩子们意识到保护环境，人人有责，要从我做起，低碳出行；王妙涵爸爸带来的"机器人小乐"，多才多艺的小乐逗得孩子们捧腹大笑，又让孩子们真真切切地感受到了科技可以改变我们的生活……

家长讲堂是学校教育与家庭教育紧密结合的完美展现。走进校园，深入课堂，家长朋友们对于我们学校的育人理念有了进一步的领悟，对学校组织的各种活动定会大力支持。家长朋友们最想看到的是自己孩子在课堂上的表现，短短四十分钟，足可以使自己的宝贝和其他孩子的一言一行尽收眼底，在和班主任老师沟通后，定能找到适合自己孩子的教育方法。我想，家长朋友定会感到不虚此行，收获颇多。

中国军魂

授课班级：美茵校区　二（11）班　家长姓名：张双　学生姓名：王艺一

家长简介：

张双，大山外语学校（洛阳）教师。

授课主题：

中国军魂

教学过程：

1. 从图片中了解中国当代军人的军种，从服装类别颜色和肩章判断中认识了解。看图片提问，看学生掌握的情况。
2. 通过图片看军人怎么站军姿，并四人一组上台来模仿。
3. 看图学习什么是军校。通过大量图片，让学生了解军校和普通大学的不同。
4. 看图认识国内外国旗，以提问的方式加深记忆。

学生新知

妈妈上家长讲堂讲课

美茵校区　二（11）班　王艺一

今天我很高兴妈妈来给我们上本周的家长讲堂，第一次看妈妈上到我们的讲台我既兴奋又害怕，兴奋的是想看看妈妈怎么给同学们讲课，害怕的是万一妈妈没有讲好怎么办呢？听了40分钟我受益匪浅。

妈妈给大家上的课是关于解放军的，"解放军"这个词对我来说不算陌生，天天看爸爸穿军装但不知道军装的颜色分类有何不同，开始上课时妈妈给同学们讲了解放军军种，主要有海上的海军、空中的空军、陆地上的陆军和刚成立的火箭军。讲了八一建军节的由来。讲了天安门国旗护卫队怎么站得那么直，讲了我们长大后能上的有名的军校。第一次知道什么是军校，知道了我们洛阳这个美丽的城市里也有所军校——洛阳外国语学院——是学习各国语言的地方。同学们和我听得津津有味。还讲到了一些部队里面的小知识，大家都听得入迷了。妈妈还挑选同学上讲台站军姿，我们班同学都很配合，站得很好。一节课的时间很快就过去了，妈妈为了上好这节课比自己上班还认真呢，只要觉得对我们有用的，妈妈都会非常用心。其实爸爸妈妈今天的付出就是为了我们未来的生活，快乐的求知。我们都不舍得结束这节家长讲堂。希望妈妈有机会还来给同学们上课。妈妈，你真棒！

家长热议

认识解放军

美茵校区 二（11）班 王艺一家长

感谢学校推出了一个创新举措——家长讲堂活动。带着惶恐与责任感我承担了一期家长讲堂任务，从接到任务我就紧锣密鼓地筹备，在做了较为全面的准备后，走上了二（11）班的讲台。

二（11）班的教室是温馨的，孩子们一个个精神抖擞地坐在位子上，一个个眼睛里充满了好奇，今天给孩子们带来的课题是"中国军魂"。这个课件是我用了两周时间做完的，找了大量关于当代军人风采、各大军校的资料，还有我国不同军种的图片及资料。这个职业是孩子们不太了解的一个领域。我想让孩子们充分了解，让他们对军人有全新的认识。为了让我能安心讲课，班主任侯老师和王老师全程协助管理学生，看见可爱的孩子们，他们都是我孩子的同学，亲眼看看孩子的班级，给自己的孩子上课还是第一次。这么正式的场合，我准备好的词一个都没有用上，一看见活泼可爱的孩子们，我一下子也变得天真纯朴了，课进行得很顺利，孩子们发言踊跃，特别是讲到北京天安门的国旗护卫队时候同学们兴致勃勃，还主动要求上台来学习怎么站军姿。

四十分钟转眼就过去了，好像还没有开始就结束了，但是我相信他们都有所收获了。

参与这次活动我个人收获也颇大。走进课堂，近距离了解班级，我被孩子们身上散发的那种阳光积极、文明上进的品质所感染，通过对比观察孩子们的课堂倾听及活动参与情况，我也了解了孩子们在群体学习生活中的具体情况，真的很感谢侯老师、王老师为班级搭建了这样好的一个平台，老师将家长带上讲台，参与见证孩子的成长，为家长树教育之威，为孩子树学习典范，这样的家校沟通，有创意、有爱心，更有效果！

我相信二（11）班在侯老师、王老师的带领下一定会越来越好！

老师这样说

爱的桥梁　始终有你

美茵校区　二（11）班　王瑜

如今的孩子有着强烈的求知欲，从事各行各业的家长是一个丰富的教育资源，也是学校之外的一支特殊教师队伍。为了进一步做好家校联合工作，学校开展了家长讲堂这一特殊课程。

家长讲堂不只是为了让家长参与，更是家校联合的一个重要渠道。家长走进课堂，拉近了老师、孩子、家长心灵的距离。看着自己的爸爸妈妈在那三尺讲台上侃侃而谈，孩子们的自豪之情溢于言表。向爸爸妈妈学习，既可以拓宽孩子们的视野,又可以调动孩子们的积极性。

"父母是孩子的榜样,孩子是父母的镜子",家长的言行时刻影响着孩子。家长讲堂的开展,可以通过父母的优秀展示引导孩子从小树立榜样与进步意识,丰富孩子的精神世界。

家长讲堂有助于家长看到孩子在学校的生活,看到孩子们在一起的那份热闹,看到他们懂礼貌、有秩序,而且也使家长们体验到了参与学校课程的快乐,了解了我们课堂管理等日常教学工作,使他们更放心、更安心地把孩子交给我们,最终快速地形成教育合力。

屁

授课班级：凝碧校区　二(1)班　家长姓名：高勇　学生姓名：高歆然

家长简介：

高勇，河南推拿职业学院教师。

授课主题：

屁

教学过程：

一、引入

通过播放各种屁的声音，引起孩子兴趣，让孩子兴奋起来。

二、切入

通过提问"屁是怎么产生的"激发孩子的想象力，再通过课件图片展示向孩子解释屁产生的原因，也让孩子对身体器官有初步的认识。

三、分析

通过提问每天正常的排屁量和屁的不同味道，分析对应的身体健康状况，让孩子掌握相关知识，并能在生活中判断。

四、思考

1. 如何养成良好的生活习惯。

2. 放屁的礼仪问题。

家长热议

上三尺讲台与孩子一同成长

凝碧校区　二（1）班　黄子豪妈妈

二（1）班的教室是温馨的，满目都是老师对孩子们的激励和呵护。二（1）班的家长也都是最棒的，家长们精心准备各种创意成果，完美呈现。刚开始都有点紧张和羞涩，但是逐渐和学生们融合在一起，班里的孩子也特别喜欢。

家长们根据自己的职业来教孩子们各种各样的知识，让孩子们大开眼界！在这一活动中，能看到孩子们在群体学习生活中的具体情况，也能看到孩子们发挥各种想象的另一面，不再局限于书本！

我相信二（1）班的孩子和家长在高老师、张老师的带领下一定会越来越好，为我们两位老师的大爱鼓掌，为家长讲堂这一活动点赞！

老师这样说

打开多扇窗

凝碧校区　二（1）班　高晓静

对于那些需要得到安慰的人，我们会说："上帝为你关上了一扇门，会为你打开一扇窗。"我觉得用"窗户"来形容我们的家长讲堂，恰到好处。

每周五下午，社团活动之后、放学之前的时间是我们的家长讲堂。最期待的人，是孩子。他们会提前一天问我："老师，这周有家长讲堂吗？是哪位家长讲啊？"

这时，我总会神秘地笑着说："当然有啦！至于是谁，现在保密。"他们只好喜忧参半却也无可奈何地离开。有时候家长讲堂因为特殊的事情被耽误了，孩子们都会特别失望。

这学期我们的家长讲堂内容可谓各式各样：有闻所未闻的轴承，有神奇古怪的"记忆秘方"，有让人印象深刻的"梅花画"，还有交通安全、生活常识等实用的知识。本来还担心孩子们上课不够用心，家长维持不好纪律。事实证明，这些担心都是多余的。精心设计的家长讲堂，对孩子来说是最大的吸引力。这时候，你不需要维持纪律，几乎每个人都会认真倾听，专注地投入进去。从他们的眼神和行动中，我感受到了知识的力量。

作为家长讲堂的组织者，我也时常陶醉在家长讲堂的课堂中。能和孩子们一起成长、一起学习，我也感到收获满满，幸福无限。我想，这就是家长讲堂的应有之义：家校合力，共育精彩。每个孩子都会为此感到幸福吧！

食物中的营养

授课班级：凝碧校区　二（1）班　家长姓名：雷改利　学生姓名：李思远

家长简介：

雷改利，私营企业主。

授课主题：

食物中的营养

教学过程：

一、引入

家长问：孩子们，今天你们吃了些什么？为什么每天要吃那么多的食物？

二、展示课件

家长问：同学们知道我们吃的食物中有哪些营养成分吗？

与孩子们进行交流，利用多媒体课件介绍营养成分。

三、辨别食物中的营养成分

家长问：食物中有这么多的营养成分，我们很难一眼就看出来，那用什么方法去辨别呢？

孩子们发言。

家长介绍：可以通过查找资料和实验的方法来辨别。

展示课件。

四、综合运用

家长问：有没有哪种食物含有所有的营养成分？我们应该怎样安排每天的饮食？

孩子们发言。

五、出示合理饮食的儿歌

合理饮食很重要，蔬菜水果少不了，大豆牛奶天天有，鱼肉禽蛋要适量，少吃肥肉和荤油，合理饮食儿歌唱，新鲜洁净要记牢。

家长热议

伴你一起成长

凝碧校区　二（1）班　孙婧萱家长

孩子升入小学的第一次家长会上当老师宣布学校每个班级都要举行家长讲堂时，说实话我有点慌了。慌的原因是因为不知道怎么去应对这一群孩子，也不知道该给孩子们讲些什么。带着满满的担忧我们班的家长讲堂已经开始了。

一学期过去了，一位接着一位的家长都开讲了。丰富多彩的讲课内容，孩子们都非常喜欢。我心中也是在酝酿着一个又一个讲堂内容，选定一个内容后反复推敲：它能方便在课堂上操作吗？孩子们能感兴趣吗？就这样在该上家长讲堂的前一周才把要讲的内容确定下来。接下来就是在电脑上忙碌一番，终于把自己要讲的内容制作成幻灯片，心里暗想：希望孩子们能感兴趣吧！

家长讲堂，我来了。可我们家的小学生好像比我还紧张呢，帮我写好了开场词，还告诉我不要讲得太久，讲课过程中要问一些有趣的问题。这应该是孩子从其他家长讲堂中总结出来的经验吧。快到讲课时间了，孩子不停地打电话催促我，让我不要迟到，看来孩子对于家长讲堂是特别重视的。

讲课准时开始了，一走进教室，迎面而来的是孩子们开心的笑脸，顿时觉得紧张的情绪一下子就消失了。这节课虽然老师们都不在，但是孩子们还是比较安静地听我讲完了这节课。讲课的过程中孩子们积极地回答问题，孩子们的表现出乎我的意料。为孩子们点赞，你们太棒了！

非常感谢学校能给我一次这样难得的机会，让家长能近距离地跟孩子们接触，能非常直接地了解孩子们在课堂上的一些状况。家长、老师和孩子能相互学习、相互交流。让孩子们通过家长讲堂学到课本以外的丰富知识和生活常识。通过这次的家长讲堂，我深刻体会到了老师们的辛苦，老师们要天天面对这一群性格各异、活泼调皮的孩子太不容易了。相信我们班的家长讲堂会越办越好，孩子们学到的知识也会越来越丰富。家长、老师和孩子的关系也会越来越和谐。

老师这样说

这个讲台为您敞开

凝碧校区　二（1）班　张艺

如果不是因为家长讲堂，大概有些家长今生都将没有登台讲课的机会。

我以为，家长们会热情高涨地参与到家校互动中。可事实是，并非每一位家长都对这个讲堂"感冒"。我曾以为这是工作的失败，现在客观地想想，参与就不错了，还渴望热情？真是天真！

一年级开学时，老师就在家长会上说了此事，希望家长们能够自愿报名。可报了两三位家长之后，家长讲堂就无法保证参与度了，总是断断续续。认清现实后，向其他老师学习，制作了"家长讲堂顺序表"，这样每个家长都按照分好的时间轮流上讲堂。每周的家长讲堂才能持续不断。

在实践的过程中发现，家长对待家长讲堂的态度大部分都是高度赞成的。但是真要自己来讲，又不免有些犹豫。主要有三方面的顾虑。

第一，从未登过讲台，担心自己讲不好。这时，我会告诉他们，你的登台，就是孩子最好的榜样。事实告诉我，很多爸爸妈妈听到这句话后，犹豫的眼神往往会突然变得坚定起来。这其中肯定有着不少令人感动的抉择，尤其是当我看到有些并不是很健谈的爸爸妈妈的时候。但是，没有一位爸爸妈妈会在此时畏缩。

第二，不知道应该讲些什么，不知道自己讲的内容是否合适。这时，我会试着去跟家长沟通，以准备出实用的内容和适用的形式。要知道，这个年代的孩子，早就不是见肉就吃的"小娃儿"了。比如，让本来打算讲消防安全的爸爸给孩子们带来了轴承的知识，你无法想象孩子们摸到轴承后的兴奋和震惊；再比如，建议保险公司的妈妈不要去讲学理略深的"为什么春天最早开的花大多是黄色"，而是去讲"怎么用好零花钱——理财入门"，并推荐了《小狗钱钱》的理财入门书……当我和家长们商量，产生这些灵感的一刹那，我都无比期待周五的下午了，这种幸福感无可言说。

第三，其他原因。时间不合适，没关系，那咱就调；不会制作幻灯片，没问题，那就找会做的朋友和亲人帮你。认识的人都不会做？没事，你不还认识张老师吗？你把图片拷到 U 盘里，带来，我给你做。啊，张老师，真是太感激你了！不用，不用，要感激的人是你呢！我们也许永远都不知道，一个八九岁的孩子，看到自己的爸爸或妈妈，站在班级的讲台上，在同学们热烈的掌声中，被班主任隆重介绍和邀请出来的那一刻，他有多么自豪！

其实，孩子们的心思并不那么简单。他们期待家长讲堂的另一个重要原因就是几乎每一位来的家长都会携带礼物——铅笔、橡皮、卷笔刀、笔记本、文具袋、糖果……

一开始，我觉得这挺好的。可是每一位家长来的时候都是大包小包的，我就可怜起家长来了。本来，前往学校讲课就是牺牲了业余时间，现在竟还要花钱。钱虽然不多，可是家境不同，况且还每星期如此，我实在是于心不忍。

再者，"带礼物"竟然成了不约而同的风俗。有一次，一位家长可能是第一次来家长讲堂，也可能是匆匆而来，并未准备。竟然有学生去问："阿姨，你今天带的礼物是什么？"当这一幕发生在我的眼前，我羞愧得恨不得伸出双手捂住那位家长的双耳。也不知那位家长当时怎么想，后来好像是打电话叫人买了"礼物"送来，满足了这群"恶魔"的索求。之后，我就在班里认真探讨了这个问题，学生们达成的共识是：

听课第一，礼物第二；有了可以接，没了不准要。

本来我还想补充修改，但转念一想，二年级学生的想法也不是不对。

关于家长讲堂的礼物，我想说的是，带不带都可以，最好不带！如果有些热心肠的爸爸妈妈非要给孩子们带点啥，建议有以下两点：

第一，最好不要带文具。过多的文具，让孩子根本不懂得珍惜学习用品，甚至选择文具会成为干扰学习的因素。正确的做法是，够用即可，多余的文具保存家中，以备将来之需。当然，如果真的带了，带三五个也足矣！奖励给听课最认真、回答问题最积极的孩子，足够了。

第二，如果是手工类、实验类课程，孩子们参与其中，完成并得到自己的作品，这样当然是极好的，我们非常欢迎。比如，有位家长曾教孩子们制作《桃花盛开》的"黏土画"。每个人发了一张蓝色的硬纸片（半张 A4 纸大小）、一小团粉色的超轻黏土（大约二三十克），一支黑色的记号笔就可以作画了。完成后，记号笔收回。孩子们也得到了自己的作品，个个满足得不行，最优秀的几幅作品还得到了与家长、老师合影的奖励。以物品价格来说，这一小幅画可能还不如一块精致的橡皮值钱，可是，它的价值却又是金钱也买不来的。

如果真想给孩子们带点儿什么，我想，你的到来和你留下的回忆，就是最好的礼物！

我爱家乡——洛阳

授课班级：凝碧校区　二（2）班　家长姓名：田茵茵　学生姓名：徐墨泉

家长简介：

田茵茵，龙盛小学教师。

授课主题：

我爱家乡——洛阳

教学过程：

一、导入

孩子们，你们知不知道自己是哪里人？对于洛阳你们又了解多少？今天阿姨就带你们一起去了解我们的家乡——洛阳。

二、新授

1. 洛阳名字的由来及历史文化

洛阳地处洛水之北，古时称水之北为阳，故称洛阳。洛阳是中华文明的发祥地之一，十三朝古都，夏、商、西周、东周、东汉、曹魏、西晋、北魏、隋朝、武周、后梁、后唐、后晋都在洛阳建都，建都史长达1529年，是中国建都最早、朝代最多、历史最久的都城。

①古都洛阳，只有洛阳是建都年代最早、朝代最多、时间最长的"天下名都"。历史上许多重大历史事件发生在这里，许多重要的历史名人都活动在此。

②洛阳的文化悠久，许多历史名人在洛阳留下了足迹，其中有老子、玄奘、武则天、白居易等。

2. 洛阳的名胜古迹

①洛阳牡丹

②龙门石窟

③白马寺

④关林

3. 洛阳的饮食文化

①洛阳水席

洛阳水席和洛阳牡丹花会、龙门石窟并称为"洛阳三绝"。

②油茶

洛阳的油茶分"果子油茶"和"花生油茶"。

③汤文化

洛阳人喜欢喝汤，牛肉汤、羊肉汤、驴肉汤随处可见。

4. 今日洛阳

近年来，洛阳市兴建了洛河风景游览区和周山森林公园、龙门山森林公园、小浪底森林公园、上清宫森林公园四大森林公园，为人们回归大自然提供了去处；洛浦公园宛如一条五彩飘逸的丝带在河洛大地上飘扬。

洛阳县区也有丰富的旅游资源：新安县龙潭峡、栾川重渡沟、鸡冠洞、老君山，嵩县白云山、木札岭等。

三、小结

孩子们，今天我们了解了洛阳、认识了洛阳，那我们就要从现在开始努力学习，争取长大后把我们洛阳建设得更加美好！

四、作业

回家把今天学到的知识介绍给自己的亲人、朋友。

> 学生新知

家长讲堂的时间到了

凝碧校区　二（2）班　刘子瑜

转眼又到了周末，家长讲堂的时间到了。我又激动又高兴，不仅是因为家长讲堂的缘故，而且是因为今天的主讲是我的爸爸，我很期待！

"来了，来了！"伴随着一阵呼喊声，我那高大的爸爸走进了教室，他熟练地打开电脑并将他制作的PPT文档打开。原来今天是"看图猜成语"呀，大家都议论了起来。爸爸清了清嗓子，和同学们打招呼，先做了自我介绍，接着说明了看图猜成语的规则。

"让我们开始吧！"同学们听到爸爸洪亮的声音都安静了下来，目不转睛地注视着爸爸和黑板。爸爸打开了第一张图片，图片上是一只长着两只翅膀的老虎，我一下就想到了答案，连忙举起手来。爸爸微笑着冲我点点头，我站起来答道："如虎添翼。"爸爸点了一下图片，图片的下方显示出来的正确答案就是"如虎添翼"，哇！我答对了，真高兴呀！爸爸讲了"如虎添翼"的含义后我们接着往下讲行，同学们都陆陆续续地回答了很多问题。大多数都猜对了，比如：冰天雪地、九牛二虎、一五一十、山清水秀、生机勃勃、一心一意、滥竽充数、七上八下……真的太有趣了，不仅猜对了成语，我们还了解了成语的出处和含义。

美好的时光总是短暂的，本次的课程就要结束了，可是同学们仍意犹未尽。家长讲堂让我们的知识面更立体，让我们的认知视野更开阔，让我们的家校关系更密切。

家长热议

家长讲堂，增进了和孩子之间的交流

凝碧校区　二（2）班　冯若罪妈妈

随着社会的发展，教育的不断改进，人们越来越普遍地认识到，青少年儿童的教育仅靠学校单方面的力量是难以完成的，它需要社会各方面的合作，尤其是家庭与学校双方的通力合作。而家长讲堂则是家校共建的一项典型活动，也是学校的特色之一，家长进课堂活动，不仅能够拓宽孩子们的知识面，而且也可以让家长更好地了解孩子，了解学校、理解老师。这次家长讲堂活动，我主讲的是"生命之泉——水"。

作为教育工作者，我深切地知道兴趣对一个孩子有多么重要，所以在选题时，我选择了孩子们经常用到的"水"这个选题。作为一个七八岁孩子的家长，我深切地知道让孩子充满激情地学习知识有多重要，所以在课堂设计时，我按照提出问题—分析问题—解决问题这个思路来进行，针对孩子活泼好动、求知欲强的特点，我设计了实验环节，来满足孩子们的好奇心。

首先，我提出了"自然降水和湖泊河流的水能不能直接饮用"这个简单的问题，得到否定答案后，我告诉孩子们：自来水是一种产品，不是自来的。未经处理的水源水因为各种自然因素和人为因素，会含有各种各样的杂质，直接饮用会对人的健康造成很大的伤害，水源水需要经过一定的处理工艺，才能变成可饮用的水。接着，我引导孩子们思考"自来水是怎么生产出来的"，孩子们踊跃发言，积极性很高。最后，我用实际案例——洛阳自来水厂净水处理的目的就是去除原水体中这些会给人健康和工业生产带来危害的悬浮物质、胶体物质、细菌及其他有害成分，使净化后的水能满足生活饮用及工业生产的需要，让孩子们知道自来水制备的不易。

在科学小实验环节，我把从隋唐遗址公园通济湖里打来的洛阳自来水厂的水源水、一定量的氢氧化铝、纸杯和吸管分到每个小朋友的手中，利用氢氧化铝的吸附作用，把水中不易沉淀的胶粒及微小悬浮物脱稳、相互聚结，从而形成较大的絮粒，以利于从水中分离、沉降下来，引导孩子们观察实验现象。

我针对自来水制备的不易，鼓励孩子们说出自己家节约用水的方法。孩子们都很积极，课堂气氛也很活跃。可见鼓励孩子是多么关键！

通过这次家长讲堂，我深深地体会到了作为小学老师，尤其是低年级老师的不易。"自来水制备"这个讲座，从网上搜集素材、化学市场购买实验材料、动手做实验到备课、写教案、做PPT，我用了很长时间，但是当我站在讲台上，面对50多名七八岁的孩子时，短短30分钟让我度日如年。孩子们太小，组织课堂需要一定的经验，否则传授知识就无法实现。

家校共建如同一辆车的两个轮子，只有同向运转，才能共同促进孩子的发展。我希望以后会有更多的机会参与到家校共建的活动中，与孩子们一起成长。

老师这样说

写给家长的信

凝碧校区　二（2）班　邢晓川

家人们好，很久没有这样正式地写过一封信了。我们习惯了电话、微信、E-mail这些高效简洁的沟通方式，似乎遗忘了书信才是我们最古老的传情方式。"云中谁寄锦书来，雁字回时，月满西楼"这样含蓄美好的意境，科技给不了我们，但一支笔、一页纸却能准确传达，传达出我们的爱与乐，传达出我们的渴望与希冀！

家人们，2015年的9月3日，我从你们的手中接过可爱、聪灵的宝贝。从那一刻起，我知道，我们的关系不仅仅是老师与家长，更是朋友，是家人！因为孩子，我们会坦诚沟通、真心交流；因为孩子，我们会彼此靠近、携手共进；因为孩子，我们更会责任共担、谅解互助！两年来，对你们的支持与付出，我真心感谢。我只想大声地对孩子们说："小鬼们，你们的爸爸妈妈，真棒！"

人做什么事情最有动力呢？自己喜欢的？自己擅长的？有动力又能坚持多久呢？我深深明白，走上讲台、侃侃而谈，不怯场、不紧张，对多数人来说并不是一件那么容易的事，但每周五家长讲堂这门特殊的课程，至今家长无一空缺！我想，关于这点，我们真的可以为自己点个赞，也可以在内心小小地骄傲一把！

两年了，周五成了孩子们期待的日子。他们期盼着教室门口出现不同的叔叔、阿姨的身影，更期盼着自己爸爸妈妈的身影，那是骄傲的感觉、自豪的感觉！短短的30分钟，对孩子们来说却是不同的体验。在这30分钟里，他们制作、品尝过美味的寿司，他们欣赏、编织过趣味的知了、蚂蚱，他们聆听过心情绘本，他们折叠过小花篮，他们了解过"电的秘密"，他们学习过"牙齿保卫战"，他们体验过方言的趣味，他们探寻过洛阳城的古韵……这短短30分钟的课堂成了孩子们看世界的一扇窗口，透过这扇窗口，孩子们看古往今来，看科技腾飞，看三百六十行的苦与乐，看未来的梦想！

我们都知道，父母是孩子最好的老师，也知道"身教重于言传"，而孩子们的模仿学习能力可能超乎你的想象。两年来，你们用行动告诉孩子们什么叫勇于学习、大胆前行；你们用行动告诉孩子们面对未知、不确定是该探索还是该回避；你们用行动告诉孩子们面对舞台、面对机会，纵然是自己不擅长的领域，也要抛却胆怯、丢掉害羞、勇敢尝试、自信展示！我相信，每一位站上讲台的家长都曾在心里默默地说：孩子，你看！我没有退缩哦，你也要棒棒的!

　　身为老师,我一次次地看到家人们的努力,看到孩子们眼中的光芒,看到大家的陪伴与参与给孩子们带来的快乐与成长!我只想说,谢谢你们!因为有你们,我们的工作才充满了温情;因为有你们,孩子们的成长之路才不孤单!在未来的一年、两年,甚至更久的将来,每个周五都会是我们共同的"约会",我和孩子们依然会在这里等着您,等着您带来新鲜的、有趣的课堂,等着您带来别样的、不拘一格的文化!

养成传统好习惯　争做优秀小学生

授课班级：凝碧校区　二（5）班　家长姓名：韩　浩　学生姓名：韩亦然

家长简介：

韩浩，国家二级心理咨询师，现服役于中国人民武装警察部队河南省总队洛阳市支队。

授课主题：

养成传统好习惯　争做优秀小学生

教学过程：

一、视频导读

播放国庆大阅兵录像。

二、图片引导

1. 观看录像，让同学们了解养成好习惯并长期坚持带来的优越感和成就感，从而引出好习惯的概念。

2. 利用摇动手中小红旗代替举手的形式点名抢答，让大家积极主动发言。根据每个人平时的观察，列举出好习惯的各种表现，使大家在无形的课堂发言中感受到遵守规定的好习惯，并适时发放奖品。

3. 展示图片，让同学们自己判断好习惯与不良习惯的区分，并说明判断理由。最好能讲出好习惯带来的好处，同时指出不良习惯给个人成长带来的消极影响，从正误对比中坚定养成好习惯的信心。

4. 五分钟的短暂体验，从军姿和坐姿的训练中，让孩子们亲身感受到养成好习惯的不容易，真正体会到"台上一分钟，台下十年功"的真谛。

三、小结讲评

通过PPT演示和图片对比，孩子们认识到养成好习惯的重要意义，同时也深刻认识到良好的习惯不是一时、一事就能够练就的，而是要经过严格的自律和长期的坚持才能养成的。

学生新知

我的妈妈棒棒的

凝碧校区　二（5）班　曹欣媛

我最喜欢的一节家长讲堂是我妈妈讲的。那是我刚上一年级我们班举行的第一节家长讲堂，虽然过了这么久，但是对我影响至深。记得那是一个星期五的下午，妈妈来到我们教室，先做了自我介绍，然后给我们讲了一个故事，故事的名字叫作《勇敢的气》。妈妈主要想让我们懂得不管遇到什么事情都要坚强、勇敢。接下来，妈妈教我们认识路标，有红绿灯标识、停车标识、安全出口等，妈妈还讲了每个标识的意思，并提问小朋友有关于安全的问题，小朋友们都很开心。

晚上回家，我问妈妈为什么第一个报名来讲家长讲堂，还讲《勇敢的气》。妈妈的回答让我至今记忆犹新，妈妈说："父母是孩子最好的榜样，也是孩子最早的老师，妈妈希望你以后无论是在学习上还是在生活上都要勇敢。妈妈第一个去参加家长讲堂也很紧张，但是为了你，我就勇敢地去报名参加了。"妈妈还在我手心里吹了勇敢的气。从那以后，我晚上可以一个人睡觉，在班级里可以第一个举手回答问题，在舞蹈班可以大胆领舞，因为我手心里有妈妈吹的"勇敢的气"！我希望以后会有更多的家长来参加家长讲堂，让我们知道更多的知识和道理。

家长热议

和孩子共同成长

凝碧校区　二（5）班　屠凡宇爸爸

转眼间，二（5）班的孩子们已经在这座充满爱与欢笑的校园里成长两年了。还记得两年前的9月，秋风送爽，学校为新生们举行了传统的入学仪式——开笔礼。由校领导和老师们在孩子额头正中点上红痣，"朱砂启智"寓意着孩子们从此眼明心亮，读书识字。

每日经典诵读，从《弟子规》到《唐诗宋词欣赏》，是美妙的列车音乐。课前"精彩两分钟"活动，让每位小同学勇敢地登上小舞台。阳光大课间、戏剧节、音乐会……都是旅途美丽的风景。

我们这些家长大朋友，也有幸登上这趟爱与欢乐的列车。学校非常重视家长对孩子校园生活的融入和参与，推出了一个创新举措——家长讲堂活动。每周五下午都有一位家长为孩子们带来精彩纷呈的家长讲堂。家长朋友们来自各行各业，有着各自不同的社会经验和人生阅历，有的为孩子们讲述科普知识，有的教孩子们一些生活常识，有的表演精彩的魔术，极大丰富了孩子们的课余生活，拓宽了孩子们的知识面。

看到家长讲堂活动进行得如此热烈，在儿子的鼓励下，我也迫不及待地报了名，希望能为小朋友们带来别开生面的一课。我是一名军人，曾在5·12汶川地震时与部队在第一时间赶赴救灾的第一线。这一特殊的经历使我萌发了给孩子们讲一讲在灾难面前如何自救的念头。为此，我制作了通俗易懂的漫画课件，通过漫画的形式告诉孩子们地震来临时应该如何保护自己。

看着孩子们那一双双明亮的大眼睛，互动环节时争先恐后举起的小手，我深深地感觉到与孩子们拉近了距离，我们这些大朋友也可以走进孩子们的内心，倾听他们内心的声音，和他们成为好朋友，而不只是严厉的父母。看到老师们把教室布置得那么温馨，每期都全程陪同、协助，我们家长也想说一句："老师，你们辛苦了！"感谢学校和老师们为家长朋友提供了好的平台，让我们有机会走进校园，走进班级，走进孩子的内心。

老师这样说

一起学习　共同成长

凝碧校区　二（5）班　李海莎

　　学校有很多独具特色的校园活动，其中最具有影响力的活动之一当属家长讲堂了。这也是每周孩子们最喜欢、最期待的活动。

　　家长讲堂是学校为家长提供的一个平台，让家长们走上讲台，走近孩子。他们结合自身职业特点，为学生进行相关专业知识培训；结合兴趣爱好，向学生介绍相关知识；结合日常生活中动手实践能力的培养，引导学生共同参与感知，提高动手能力……家长讲堂的主题讲座涉及多个角度，不仅有普及健康卫生知识、进行安全教育的内容，也有讲述环保理念、解读城市文化的，有的家长还从自身出发，对孩子的养成教育、课业学习发表看法。

　　开展家长讲堂活动，主要是充分利用家长资源，让学生们拓宽视野、增长见识。家长们来自各行各业，他们是一笔非常丰富、宝贵的教育资源。

植物王国

种子的生长过程

授课班级：美茵校区　一(1)班　家长姓名：俞桂香　学生姓名：张倬瑜

家长简介：

俞桂香，喜欢与人分享交流，向不同的妈妈学习，和孩子一起成长。陪伴孩子度过快乐的童年时光。

授课主题：

种子的生长过程

教学过程：

一、小麦的生长过程

小麦的生育期一般在230～270天。

二、生育时期

小麦的一生划分为12个生育时期，即出苗、三叶、分蘖、越冬、返青、起身、拔节、孕穗、抽穗、开花、灌浆、成熟。其中灌浆期又可分为籽粒形成期、乳熟期、腊熟期、完熟期。

三、生长阶段

根据小麦器官形成的特点，可将几个连续的生育时期合并为某一生长阶段。一般可分为三个生长阶段。

1.苗期阶段：从出苗期到起身期，主要进行营养生长，即以长根、长叶和分蘖为主。

2.中期阶段：从起身期至开花期，这是营养生长与生殖、生长并进阶段，既有根、茎、叶的生长，又有麦穗分化发育。

3. 后期阶段：从开花期至成熟期，也称籽粒形成阶段，以生殖生长为主。

> **学生新知**

别样的一扇门

美茵校区 一（1）班 齐佳晨

家长讲堂这门课程，非常有意义。因为我能学到很多课外知识，同时也认识了很多家长。

我印象最深的是程鑫然的爸爸讲的"节约能源"。原来能源是一个包括所有燃料、流水、阳光和风的术语。它有很多种类，如太阳能、水能、风能等。

裴江南的爸爸给我们带来了风能的模型，这个模型由一个吹风机、一根电线、一个灯泡和一些小零件组成。然后，叔叔打开吹风机，神奇的事情发生了！小灯泡竟然亮了！同学们都很惊讶，原来风还有这么大的作用啊！

裴叔叔说："你们了解了能源，就要节约能源。从我做起，绿色环保，你我共享！"裴叔叔还提出了一些节约能源的方法，有：1.节约用电；2.节约用水；3.家用电器的节能使用；4.循环再利用；5.节省取暖和制冷的能源；6.经济型汽车；7.自备购物袋或重复使用塑料袋购物；8.少用一次性制品；9.合理使用电脑、打印机。

我非常喜欢家长讲堂这门课程，因为家长们讲得十分精彩，我们也可以学到无穷无尽的知识。我希望这门课程能伴随我到小学六年级。

家长热议

大手拉小手　共同来进步

美茵校区　一（1）班　连奕辰爸爸

带着激动的心情，走进一年级（1）班教室，受到老师和同学们的热烈欢迎，我既激动又紧张。虽然天气很炎热，但学生们听得很认真，也很投入，并积极回答问题，学习气氛很活跃，你一言我一语地说着自己独特的见解。达到了我预想的教学效果，我感到很兴奋。

我以前带过课，很喜欢教学，尤其看到一双双求知的眼睛，就由衷地感到一份责任。所以一接到教学任务，我就开始备课。考虑到礼仪的知识面太广，但不论什么国家、民族、地区，不论哪个时间、场合，各种各样的礼仪形式，都体现着"尊重"的精神，也就是说尊重是人的一种美德，也是礼仪的核心和基础。因此，我选择了"尊重"作为主题。

确定主题后，我就针对低年级学生的特点，精心制作了电子课件，以诙谐的图片来说明道理，让学生们轻松愉快地学到知识，拓宽知识面，达到我们"家长教师进课堂"活动的目的。

作为家长，我很支持学校的活动。前不久孩子学到卫生小知识，认真洗手，还担当"卫生监督员"，"指导"我们如何正确洗手；学到护眼小知识，学习姿势端正了许多，自觉性提高了，还不时提醒我们注意保护眼睛……看到这些变化，我们很高兴。真心感谢校领导和老师们提供的活动平台，让我们家长也得到学习的机会。

> 老师这样说

不同的人，同样的精彩

美茵校区 一（1）班 弓梦梦

家长讲堂开始一年来，近 30 位家长来到北二分，来到一（1）班的课堂。他们展现着在家里不同于父母的那一面。同一个人，不同的精彩。

他们是那样一群认真的人。一节节约资源的课堂令人印象深刻。家长爸爸为了给孩子们树立节约的好习惯，讲课结束后送给孩子们每人一个太阳能尺子，最令人感动的是，每个尺子上都写有家长的嘱托。"节约资源，保护环境。绿色环保，从我做起。"爱国课堂至今难忘。国庆节前夕，家长妈妈想给孩子们聊一聊爱国和国旗的故事，向孩子们分发小国旗的情景历历在目，给孩子们介绍优秀的奥运选手身披国旗站在领奖台上的自豪与骄傲。从一件件小事上，他们能明白什么是爱国，什么是国家。从小萌发爱国、爱家的种子。

他们是那样一群执着的人。一节情感梳理的课堂备感温暖。新生一年级入学，孩子们在各个方面都发生了很大的转变，心理上也在慢慢适应。这个时候一本幽默的小绘本《你是特别的，你是最好的》，给孩子们心理上带来了安慰。一节爱牙、护牙的课堂贴近孩子。一年级孩子们处于换牙期，这个时候如何爱牙、护牙至关重要。

他们是那样一群负责的人。一节学会感恩的课堂清新暖心。现在的孩子越来越独立，越来越有个性，对于感恩和爱表达得越来越少。学会表达爱，勇敢表达爱。一节认识谷物的课堂欢乐无限。从小在城市长大的孩子们对于农作物的生长缺少了解，课堂上家长妈妈带来了真实的各类谷物，让孩子们观察探索，最后还将种子送给了孩子们，让他们在家里实践。

走进学校，走进课堂。在这里，教师发现家长的另一面，孩子发现父母的不同。体验教师的工作，感受学生的热情，彼此携手，共育精彩。

植物的秘密

授课班级：美茵校区　一（2）班　家长姓名：梁静　学生姓名：石梦想

家长简介：

梁静，中学语文教师。

授课主题：

植物的秘密

教学过程：

一、图片导入

（播放音乐，展示图片）

大家知道植物与氧气有什么关系吗？现在，我们就一起去探寻这些绿色植物的秘密吧！

二、了解光合作用

1. 试一试：发现叶绿素（每人发一片绿色树叶、一张白纸）

将树叶用力在白纸上擦拭，会发现什么？

白纸上留下了绿色的物质，这就是叶绿素。叶绿素是植物制造氧气的重要色素，它存储于叶绿体内。（展示叶绿体结构图）

2. 看一看：说说你的发现

观察光合作用示意图片。

3. 了解光合作用：

绿色植物通过叶绿体，利用光能，把二氧化碳和水转变成贮存能量的有机物，并且释放出氧气的过程，叫作光合作用。

三、认识植树节

植树节是国家为激发人们爱林、造林的感情，促进国土绿化，保护人类赖以生存的生态环境，通过立法确定的节日。

1. 植树节的由来

3月12日是孙中山先生逝世纪念日。孙中山先生生前十分重视林业建设。1979年将孙中山先生与世长辞之日——3月12日，定为我国植树节。

2. 认识中国植树节标志

形状：树形，表示全民义务植树3～5棵，人人动手，绿化祖国大地。

文字："中国植树节"和"3·12"，表示改造自然，造福人类，年年植树，坚韧不拔的决心。

图案：五棵树可会意为"森林"，由此引申连接着外圈，显示着绿化祖国，实现以森林为主体的自然生态体系的良性循环。

四、树立爱护植物、保护环境意识

绿色是大自然的颜色，绿色孕育着生命与希望。我们要爱护每一片绿叶，爱护每一株幼苗。爱护植物，保护环境，绿化校园，从我做起，从身边做起，愿同学们能像小树一样茁壮成长！

学生新知

家长讲堂——不一样的课堂

美茵校区 一(2)班 李宜芸

家长讲堂里来了一位营养师，还是中心医院的主任医师。她风趣幽默，教会我们如何识别什么是健康的食物，以及每次吃的量；什么是垃圾食物，坚决不能吃；教会我们正确的洗手法，养成讲卫生的好习惯。

4月1日，愚人节，朱予泽的妈妈一进教室，就给我们每人发了一个小丑鼻子，红红的、打开按钮会发光的那种，可以挂在鼻子上，我们都很喜欢。她在课堂上用流利的英语教会我们与节日有关的单词和句子，我想我已经爱上了这节特别的英语课堂。

一位家长用一组幻灯片，向我们讲述了深奥莫测的宇宙。我们知道了银河系、大气层、地球、海洋及有关的天文学知识，我们都梦想着成为一名天文学家，探索更多宇宙的秘密。

还有几位家长从不同的方面，给我们讲解了生活中会遇到的各种安全问题，例如：人员密集场所如何避免踩踏事故；夏天不要在水边玩耍，防溺水事故发生；食品安全等安全方面的知识，紧急事件发生时，我们知道如何去应对，做简单的处理。

像上面这么精彩的家长讲堂每周都会有，它就像一本大百科全书。我喜欢家长讲堂。通过家长讲堂，我学到了很多课外知识，了解到宇宙、地球等天文学知识，明白了大自然的风、雨、雷、电等自然现象，学习了各种安全、卫生知识，好的行为习惯，知道了节约能源、保护环境等方面的知识。每一次的家长讲堂我都充满了好奇与期待，因为它的未知和精彩。家长们都用简单的语言和形象的图片教会我们新知识，以及遇到危险如何保护自己。他们带着我们走进了不一样的课堂，和我们分享着特别的精彩。

家长热议

家校共成长

美茵校区　一（2）班　伍欣怡爸爸

孩子的健康成长不仅需要学校老师的关怀帮助，也需要家长的参与支持。北京第二实验小学洛阳分校按照素质教育的要求，开展了一系列富有成效的活动来促使学生全面发展，包括课前两分钟、数学贸易节、家长讲堂等。其中家长讲堂由学生家长授课，授课内容不限，既可以拓展学生的知识面，也可以让家长参与学校教育，我觉得是"家校配合"的有益尝试。这一年来，我有幸两次在家长讲堂给一年级小朋友讲课，现将感悟与收获总结如下：

一、家长讲堂让我切身体会到了老师的辛苦。一年级小孩儿纪律观念不是很强，老师上课时既要管理好课堂秩序，还要进行诸多教学环节的实施，同时还要顾及每个孩子的情绪，不能顾此失彼，实在是太不容易了。

二、家长讲堂让我充分感受到了课堂上孩子们的模样。孩子们单纯、聪颖、积极、认真，求知欲强烈。对于我的每个问询，他们都特别积极地配合呼应，让整个课堂展现得那么生动有趣。太感谢这些可爱的孩子们了！

三、家长讲堂可以增加孩子的知识面。家长讲堂授课内容涉及面广，授课形式多样化，有效提高了孩子们的综合素质。

四、家长讲堂有效地拉近了家校的距离。学校为家长提供了在学校和孩子一同学习的机会，让家长了解了孩子在学校的真实情况，从而促进了家庭教育方式的改善。

愿家长讲堂越办越好。

老师这样说

学校里的特色课程

美茵校区　一（2）班　赵洁冰

家长讲堂是北京第二实验小学洛阳分校的一门特色课程。在和孩子们一起参与家长讲堂的一年来，孩子们获益良多。家长讲堂具体实施下来，每一周都有不同的惊喜，让孩子们期待着。

家长讲堂的开展，拓宽了孩子的知识面，打开了孩子的视野。家长们从生活的各个方面让孩子了解了社会的多姿多彩，引导孩子对社会方方面面产生兴趣。孩子不再局限于课本知识，知道知识来源于生活的方方面面，让孩子学会从不同的地方获取知识，为将来快乐生活打下基础。各种各样的生活方式才会打开眼界，让孩子不再局限于一种方式。家长讲堂的某一节课，可能就给孩子种下了一颗梦想的种子。

家长们各种各样的观念让孩子接受了不同的想法，学会了思考。每次家长讲堂，孩子们都提出很多问题。家长们精心准备，都非常耐心地解答。孩子们听了家长讲堂也会把这些知识分享给其他小伙伴，这样孩子们对学习知识的兴趣更加浓厚了，形成了良好的学习氛围。家长们都非常用心地准备自己的一堂课，希望孩子们喜欢自己带来的知识。这样形成了良性的学习循环。

相信家长讲堂会越来越好，发挥越来越重要的作用。

奇妙的植物

授课班级：美茵校区　一（5）班　家长姓名：姚福湘　学生姓名：薛皓宸

家长简介：

姚福湘，房地产行业从业者。

授课主题：

奇妙的植物

教学过程：

一、引起兴趣，提高学习热情

1. 植物之最：结合图片简单介绍世界上最高的花、最大的花、最小的花等一些罕见的植物，引发学生的兴趣。

2. 植物模仿秀：展示一些与动物、人类很相似的植物图片，并通过问答模式进一步提高学生的学习热情。

二、课堂提问，启发思考

请同学们说出日常生活中我们的衣、食、住、行都有哪些是跟植物有关的，回答正确的可获得一份奖品。

三、仔细观察，加深印象

1. 结合图片简单介绍自然界中一些奇特的植物，如猪笼草、捕蝇草等。

2. 实物观察：近距离观察猪笼草和含羞草，提高学习兴趣。

学生新知

我喜欢家长讲堂

美茵校区 一(5)班 崔粲

我喜欢周五的家长讲堂，每次都能学到新的东西。

在这里，我懂得了如何辨别"坏蜀黍"，学会了制作书签、帽子，还听到了很多关于洛阳的精彩故事……

我的爸爸妈妈也是家长讲堂的老师呢！为了讲好这次家长讲堂，我们可是提前很多天就在准备了，从内容到讲课的各个环节，都是我和爸爸妈妈一起商量决定的。我们最终选定了"火山爆发"作为主要实验内容进行教学。

这个实验我们一起在家练习了很多次。也是因为它，爸爸妈妈终于有时间陪我了，我很开心。

你们知道吗？我为了研究"火山爆发"，还在电脑上查了很多资料！我感觉自己对化学也有了很大的兴趣。我喜欢家长讲堂！

家长热议

家长进课堂　沟通更顺畅

美茵校区 一(5)班 崔粲妈妈

"妈妈，陌生人给你糖，你千万别吃，那是骗人的！"

"妈妈，你知道牡丹有多少品种吗？"

每个周五下午放学，孩子都会异常兴奋，一路上叽叽喳喳说个不停。防骗知识、洛阳历史，甚至金融理财，内容涉及之广，让我这个成年人都有些吃惊。了解之后得知，这些话题都来自一个地方——家长讲堂。

4月21日，我作为主讲人也参与其中。为了做好这次家长讲堂，我和孩子的爸爸决定联手"出击",给孩子们一次神奇的化学之旅。

实验之前,我们购置了量杯、锥形瓶、白醋、苏打粉等,准备让孩子们在教室里看"火山喷发"。另外,我们还准备了难度不大的"泡泡水制作""听话的小瓶子"等小实验。这些小实验材料简单,孩子们在家里自己也可以制作。

4月21日,我们正式带着装备来到了课堂。看着孩子们亮晶晶的眼睛,我激动得话都说不流畅了。我和孩子的爸爸一个主讲,一个辅导,班主任张老师负责维持课堂纪律。我们先展示火山喷发图片,引起孩子们的兴趣,然后引入实验。

实验很成功,课堂气氛很融洽。短短的30分钟结束后,我意犹未尽,孩子们也特别兴奋。

家长讲堂为我和孩子的爸爸提供了深入了解孩子、加强亲子沟通的机会。我们平时工作较忙,和孩子沟通交流的多是有关学习的内容,但为了准备这次讲课,我们一家三口曾多次一起做实验。失败了一起沮丧,成功了一起欢呼。那段准备的时光,现在回想起来竟是如此美妙、温馨。

家长讲堂是我们家长了解学校、了解教学的平台,是难得的家校沟通的桥梁。我不是专业的老师,如何维持课堂纪律,什么样的语言孩子能接受,如果课堂"卡壳"怎么办……上讲台前,我曾因为这些问题而紧张,而实际上课之后,我深刻地了解了老师的辛苦,对学校的工作也有了更深刻的了解。

家长讲堂给孩子们提供了更多可能。学校开的科目是固定的,但孩子们的兴趣是多样的,如何发掘孩子们的兴趣和潜能?我觉得家长讲堂是一个有效的途径。

> 老师这样说

"育人"细无声

美茵校区　一（5）班　韩晓冉

现在的孩子都有着强烈的求知欲，从事各行各业的家长是一个丰富的教育资源，也是学校之外一支特殊的教师队伍。我校的家长讲堂更是一道亮丽的风景线。

安全用电小常识、生动有趣的绘本故事、表演的乐趣、爱眼护眼进行时、国学的经典、好喝的饮料、翱翔天空、如何防止感冒、万圣节、网络警察的一天……一节节生动有趣的课堂，让我真切地体会到，开展家长讲堂的确是一种非常好的家校共育方式。家长有热情且有能力参与我们的教育活动，他们是我们老师的合作伙伴，也是很好的教育资源。家长走进课堂，拉近了老师、孩子、家长心灵的距离。

另外，这种教学形式有别于我们学校的常规教育形式，孩子们很乐于接受来自爸爸妈妈们的教学。他们感到新鲜有趣，学习的积极性也很高。家长走进教室参与教学活动，拓宽了孩子们的视野，激发了他们对未来的憧憬。家长的参与也会让自己的孩子感到自豪、亲切。

每一位家长身上都蕴含着丰富的教育资源。我们要善于发现并利用家长的特长，让家长们充分意识到教育好孩子并不只是学校的事，让家长积极主动地参与到活动中，为家长提供展示的平台，对孩子们进行方方面面的教育。

这样的家长讲堂活动，拓展了家长教育的范围，也同时让家长有机会更加深入了解老师的工作。家校双方在信任和尊重的氛围中互助互补，进一步增强了家校教育的合力。

植物王国

授课班级：美茵校区 一(12)班　家长姓名：戴攀峰　学生姓名：戴子萱

家长简介：

戴攀峰，河南科技大学农学院副教授。

授课主题：

植物王国

教学过程：

1. 以我们美丽的校园引导孩子们进入植物世界。

2. 让孩子们先说说见过的比较熟悉的植物有哪些。

3. 孩子们对学校较为熟悉，所以首先从植物生长的地方入手，寻找孩子的兴趣点，引导他们回顾植物的一些片段特征。

4. 从某些植物特殊的气味或者果实的味道特征出发。这些特征代表了一大类群的特点，也是认识植物必不可少的识别手段，同时也间接给孩子们灌输生命科学的基本知识，对生物多样性的认识，扩大他们的知识面。

5. 让孩子们讲讲他们熟悉的、知道的其他代表植物。

学生新知

我的快乐时刻

美茵校区 一(12)班　赵珈颐

每个星期五都是我最期盼的日子，因为这一天有我最喜欢的家长讲堂。快一年了，我已听过许多次家长讲堂了，但留给我印象最深的是孟芊寻的妈妈、王若嘉的妈妈和我的妈妈的课程。

孟芊寻的妈妈给我们讲述了空气的道理，还给我们做实验；王若嘉的妈妈给我们讲解了化学实验。她们的课我都非常喜欢，但我最喜欢的还是我妈妈带来的音乐课。记得当看到我的妈妈走进教室的那一刻，我的心激动得都快要跳出来了。课堂上，我们班的同学们都跟着音乐认真地打节拍，那一节课，我听得最认真了。到发礼品的时间了，我和妈妈、老师一起给同学们发礼品，我开心极了。

我爱家长讲堂，因为它总能给我带来无限的快乐！

家长热议

反思中成长

美茵校区　一（12）班　刘开元妈妈

老师好，同学们好，我是刘开元的妈妈。孩子进校快一年来，我对教师的工作有了深入的了解。作为一名家长我感受很多，也认识到家庭教育对孩子的重要性。只有家长、老师共同努力，才能够教育好自己的孩子。通过这段时间的相处，我们也学习到了很多实用有效的教育方式。

一、学习习惯的培养

1. 培养学习兴趣，使孩子能自觉自愿地学习知识。

2. 家长辅导时注意帮孩子养成自己分析、解决问题的习惯，而不是直接告诉答案。

3. 知答案，所谓授之以鱼，不如授之以渔。

4. 避免过度批评和打击，通过表扬、肯定、鼓励和奖励等正面的方式引导孩子学习，树立孩子的自信心。

5. 坚持勤练、勤读、勤算、勤写，持之以恒必能有所收获。

二、生活习惯养成

1．早睡早起，有良好的精神状态才能保证正常的学习。

2．注意写字姿态，保护视力，不良习惯一旦养成则很难纠正。

3．注意个人卫生习惯，使用垃圾袋和抹布，从小事做起。

4．养成自己做作业和整理次日要使用的书本、文具的习惯。

只有现在帮孩子打好基础，才不至于耽误他们的前途。相信总有一天孩子也会理解老师和父母的良苦用心。希望以后能与老师一起陪伴孩子顺利地走过难忘的学习阶段。

老师这样说

家校共育　幸福成长

美茵校区　一（12）班　李文燕

家长资源是学校最为丰富的校外教育资源。为充分挖掘家长资源，拓展孩子们的视野，让他们学到在学校学不到的知识，我们班也坚持组织开展家长讲堂活动，即每周五下午社团活动后，利用家长讲堂特设时间，由家长根据自身特长给孩子们上一堂别开生面的课。

活动前，家长充分征询了孩子的意见和建议，并根据自身的特长，确定较为丰富的活动内容。课堂上他们用亲切的话语，循循善诱地解答孩子们的问题，让孩子们开了眼界。牛昱博的妈妈带来了《牵手春天》，在课堂上教授给孩子们很多的折纸技巧。从情景导入，到步步讲解，最后作品完成，真不亚于我们这些专业的老师。孩子们兴趣浓厚，动手能力和想象力都得到了提高。付羽萱的妈妈给孩子们带来了一节游戏课。课堂上孩子们积极地参与，乐在其中。李羿玺的妈妈给孩子们上的是《拒绝零食的诱惑》，她精心找来了关于学校周围"5角钱零食"的视频，让孩子们知道吃这些零食的危害，并且还做了个实验,让孩子们看到方便面吃到肚子里后会是什么样的情景,触目惊心,给学生的触动很大,或许比我们讲上一大车道理都管用。

在走进课堂,与孩子做亲密的接触之后,我们的家长也深有感触。他们有的说:"现在孩子的见识面越来越广,我这样在某一方面也算一个专家吧,面对孩子一个又一个的问题,有时也真是无从着手!"有的家长深深体会到了做老师的苦楚和艰辛:"面对这一个个差异迥然、个性千差万别的孩子,要使每一个孩子的各方面素质都得到提升,也真为难我们的老师了!"

通过这类活动可以看出,家长们各展其能,有的是站在自己的专业素养基础上的风趣幽默,或是基于自己兴趣爱好的同情共育,乃至专门去学习了一项新的技能只为来和孩子们互动。和孩子们一起学习、一起成长,这不也是一种深深的幸福吗?

奥妙植物趣谈

授课班级：美茵校区　二（5）班　家长姓名：刘雪琴　学生姓名：仝轩铭

家长简介：

刘雪琴，洛阳师范学院生命科学学院教师。

授课主题：

奥妙植物趣谈

教学过程：

一、以谈话和问答的方式切入要讲解的内容

"同学们肯定有很多人见过小动物吃植物，但你们见过植物吃动物吗？""平时我们大家出门是不是经常看天气预报？你们知道吗？有些植物是可以预报天气的，看看植物的状态，我们就可以知道下不下雨。""同学们，平时遇到开心的事情是不是会哈哈大笑？你们知道吗？有的植物也会哈哈大笑。"通过问答和解释激起学生的求知欲和兴趣。

二、讲解主要内容

吃动物的捕蝇草和猪笼草、会笑的树等。仔细讲述每种植物的特殊功能或者特殊之处之后，再详细给学生们讲解为什么会这样。让学生们在增加新知识的同时，知道其发生的原因，这样更能激发学生们的求知欲和对自然植物的探索兴趣。

三、结合实际介绍洛阳牡丹四大名品

首先，可以增加学生们的知识面；其次，生活中非常实用；再次，可以引导学生们从身边的植物开始仔细观察，认真探索，激发学生热爱自然、探索自然的兴趣。

四、总结

> 学生新知

花的世界，知识的海洋

美茵校区　二（5）班　耿锦泽

今天，来家长讲堂做客的是李浩泽的妈妈。

她今天给我们讲的是中国十大名花。它们分别是梅花、牡丹、菊花、荷花、月季、杜鹃、茶花、兰花、桂花、水仙。通过她的讲解，我对这几种花的外观形态及生长环境有了更深的了解，同时我还知道了它们分别代表的精神。比如花中之魁——梅花，它生活在百花凋零的寒冬，敢于和大雪抗争，"宝剑锋从磨砺出，梅花香自苦寒来"。要想拥有才华，只有不断地努力、克服一定的困难才能达到。它那坚韧不拔、永不屈服的性格值得我们学习。还有荷花，出水芙蓉，出淤泥而不染，是说荷花从淤泥中生长出来却不受污染。我们也要像荷花一样洁身自好。还有国色天香的牡丹等，我觉得它们都特别美，特别好看！

通过这次家长讲堂的学习，我以后会更爱护花草树木的。

有趣的听诊器

美茵校区　二（5）班　张恒源

今天是周五，转眼我们期待的家长讲堂时间又到了！今天为我们讲课的是田若溪的妈妈，她给我们带来的是"听诊器的由来"。同学们个个都睁大眼睛，安静地等着这堂课的开始！

阿姨耐心地给我们讲听诊器的发明、构造及用途，我们个个都听得非常认真。从这堂课中，我知道了听诊器是由法国医生雷奈克发明的，由头件、耳塞、耳管、听管、胸组成。它的用途非常广泛，可以用于给孕妇听胎心，对病人心脏、胸部进行听诊后为病人确诊病情。

我们自己也体验了听诊器，觉得它很有意思，很奇妙。同学们相互给对方听心脏，像个小医生似的。我们个个都高兴得不得了，谢谢阿姨给我们带来这么精彩的内容！

家长热议

感动感恩

美茵校区　二（5）班　司马王志妈妈

4月，盼望已久的家长讲堂到来了。从孩子告诉我让我准备一节课的时候，他就开始不断地提醒我，"妈妈，老师要求讲课的内容要和自己的职业有关"，"我们最喜欢家长讲堂了"，"没有别的妈妈在医院工作，同学们都在猜你会讲什么"。我的第一反应就是"我必须认真对待，不能辜负这些求知若渴的孩子"。

选题挺难的。我在医院工作了近20年，天天给学生讲课，但站在讲台前给这么小的同学讲课还真是头一回。内容和自己工作相关，重要的是还得不枯燥，有知识性和趣味性。我绞尽脑汁想了好几天，直到那天王志跟我说："妈妈，我们班有好几个小朋友都请假了，他们好可怜，都生病了，有人还发烧了。"我忽然觉得我应该给孩子们普及关于健康的知识，让孩子们了解疾病，用简单的方法让孩子们尽可能地远离疾病。

今天，是讲课的日子。一进教室，看到孩子们整齐地坐着。我打开了PPT，孩子们都被那一张张打针的照片吓到了。班里很安静，所有的小朋友都特别认真，他们肯定是想起了自己生病时去看医生的可怕场面。我问："大家怕生病吗？"同学们说："怕呀！""太吓人了！""我最怕打针！""我最怕看医生。"课堂气氛热烈。"同学们知道怎样可以不生病或少生病吗？"顺着这样的话题，我给孩子们详细讲解了春、夏两季常见的疾病和预防这些疾病我们应该怎么做。重点讲解了"病从口入"和"六步洗手法"。孩子们都很认真，特别是在"六步洗手法"的互动中，孩子们都非常积极，认真地学习了如何洗手，如何保持个人卫生。

通过这次授课，我也真正理解了老师们的艰辛，照顾着班里50多个孩子，同时还要认真地备课、批改作业。看着孩子们渴望知识的眼神，我非常震撼。我只想说：老师，您们辛苦了！谢谢您照顾我们的孩子，谢谢您传授他们知识！

别样课堂，别样精彩

美茵校区　二（5）班　田若溪妈妈

本周，到学校参加了家长讲堂活动。很荣幸，也很高兴！孩子们积极兴奋的神情，也让我感到欣慰和感动！

家长讲堂在我心中，是一件很重要且蛮有压力的一件事情。要讲什么，怎么选题材，怎样才能让孩子感到不枯燥并感兴趣，我着实费了一番心思。首先想从自己擅长的领域来选题，可本专业涉及的内容那么多，该挑哪些来讲呢？每一周的家长讲堂结束，我总会问孩子，今天是谁的家长去讲的啊？讲的什么内容呀？你觉得叔叔阿姨讲的课哪些方面特别好呢？我特别想从其他家长身上吸取一些经验。

二年级开学的那个9月，学校举行科技节，建议家长讲堂的方向可以以科技为主题。我决定讲一下临床工作中最常见但又无可替代的听诊器。搜集好了素材之后，我用整整一下午的时间才完成了PPT的制作，这还是我第一次做PPT！也要感谢学校提供的这个机会，让我又掌握了一个新技能。为了上课时让孩子们都能体验到听诊器的作用、了解它的构造原理，我又购买了几个新听诊器。接下来就开始反复练习，要讲得简洁、流利，还要留出足够的时间让孩子们体验。自己在心里想了无数个版本：怎样安排体验顺序，让没轮到的孩子们不觉得无聊；怎样保证卫生，是带酒精消毒还是用湿巾；因为毕竟有身体的接触，男孩女孩的座位是不是要调整……想着如若有现场提问环节，我就在班级群里暗自观察。现在我能一个不差地叫出班级每一个孩子的名字。因为我清楚地记得有一次我到班里，叫了一个小男生的名字，孩子很惊奇我居然能认识他，特别开心。这一次，我也给班里的孩子们一个小小的惊喜！我家的小姑娘，对于自己的妈妈要去班级讲课，也是投入了极大的热情，督促我要讲得有意思、要怎样安排发放礼物、要注意班里的电视屏幕特别灵敏……知道我能叫出班里所有人的名字，还不放心，要提问！

终于，到了登上家长讲堂的这一刻，看他们认真地拿起听诊器听到自己心跳时的兴奋和一点点小紧张，是那样可爱！感谢孩子们，也感谢学校，提供了这样一次机会，让家校联系得更加紧密。更要感谢我们可爱可敬的老师们！谢谢你们平日的辛勤付出！

老师这样说

用心成就精彩

美茵校区 二（5）班 吉碧林

家长讲堂作为学校的特色课程，受到了孩子们的极大欢迎，也受到了家长的极大重视。

这不，本周的家长讲堂是李嘉好的爸爸讲授，说实话我蛮期待的，嘉好爸爸文采和口才都特别好，语言幽默，而且无论做什么事情都特别用心和细致，对班级活动也特别热心。因为参与得多，所以他与孩子们也特别熟悉和融洽。瞧，他刚一走进教室，孩子们就高呼："万岁，万岁，万岁！"那热情让我和嘉好爸爸都感到意外。

整节课，孩子们都被他丰富的内容、精美的课件以及幽默的语言深深地吸引。他授课的内容为：美丽的洛阳。授课内容提纲为：

一、洛阳的过去

1. 华夏的发源地；
2. 帝王之城；
3. 城市的起源；
4. 古代文明。

二、洛阳的现在

1. 重工业之城；
2. 多种文化的交融；
3. 崛起的大洛阳。

三、洛阳的将来

四、寄语同学们

几十分钟过去了，孩子们意犹未尽，恋恋不舍，掌声不断！这次家长讲堂也让我感到震撼和感动，真是用心而又精彩的一堂课！

种子的旅行记

授课班级：凝碧校区　二（5）班　家长姓名：郭晓燕　学生姓名：尹思颖

家长简介：

郭晓燕，给孩子树立一个完美妈妈的标杆。

授课主题：

种子的旅行记

教学过程：

一、分享

分享这本《种子的旅行》，引起孩子们的听课兴趣，抛出题目。

二、讲解

先由自备的花生、红豆种子导入课堂，再将提前种好的花生幼苗、红豆幼苗拿到孩子们面前，让他们有更清晰、更直观的认识，观察种子到植物的生长过程。引出孩子们的兴趣，激发他们的好奇心。比如，我们常常会在很多不可思议的地方发现植物的影子，石墙的缝隙里、高高的房顶上、广场的角落里……植物没有脚，也没有交通工具，它们究竟是怎么样到这些地方的呢？

三、旅行的方式

植物成熟后，会把种子抛到空中，像蒲公英的种子，随飘向风四面八方；老鹳草种子，躺在小勺子一样的小架子上，将种子向四面八方抛去。可是有的种子，喜欢坐"出租车"旅行，当然不是真的汽车，而是那些对这类种子起到"出租车"作用的动物，比如报春花、紫花地丁等。还有些春天开花的植物，它们的种子表面含有一层油，是蚂蚁的美食。蚂蚁在经历了寒冬饥饿后，会拖着这些种子，边走边吃，吃完含油附着物以后，就把种子随便扔在某个地方，那个地方就会长出一棵新植物。

四、总结

PPT和故事的结合，让孩子们看到一个种子长成果实的全过程。植物的果实含有种子，这些种子又掉落到地上，长成新植物，这就诠释了一颗种子的旅行记。植物要旅行，靠的就是种子。孩子认识了植物是如何传播、如何发芽的，图片生动形象，让孩子容易理解，既实用又有趣。

学生新知

妈妈是个魔术师

凝碧校区 二（5）班 尹承恩

我最喜欢的一节家长讲堂是我妈妈讲授的。那天早晨，我问了她好多次讲课的内容，她都不告诉我，只是神秘地跟我说：保证会给你一个惊喜。

我满怀期待地等了一个上午，终于在下午盼到了妈妈的出现。原来妈妈今天要教我们的是一个神奇的魔术，只见她把一根系成圆圈的绳子双起来，从脖子后面挂到胸前，用两根拇指分别勾住两头，双手击掌三次，同时大喊，一！二！三！唰！绳子一下子就从脖子后面变到了前面，就好像从脖子里穿过来一样。同学们都惊呆了，大家都想学这个神奇的魔术。妈妈给每个同学都发了一根绳子，教我们变魔术的方法，大家变来变去，全都成了小小魔术师！

我的妈妈真棒，我爱我的妈妈！

家长热议

一节家长讲堂课

凝碧校区　二（5）班　徐诗涵家长

　　家长讲堂是学校的特色课程之一，旨在让每一位家长参与到教学当中，共同见证孩子们的成长。考虑到安全是所有家长和老师共同关注的话题，结合孩子们的特点，我准备了图文并茂的"安全伴我行"幻灯片，内容涵盖交通安全、校园安全、人身安全、消防安全，让孩子们在轻松愉悦中熟悉和掌握日常安全知识。

　　作为一名家长，我对能与孩子们共同学习充满期待，还有些许的忐忑。在孩子们一双双渴求的眼神中，我很快消除了心中的紧张情绪，按照预先设计的讲课思路，先让孩子们了解如何在家庭、学校、上学途中规避危险，然后又采用抢答的形式让孩子们加强理解。短短的一堂课下来，孩子们认识了常见交通安全标识，知道了遇到危险时如何求救。整堂课孩子们始终专注地听讲，让我很是感动。

　　这种别具特色的课堂模式，构筑了学校、家长和孩子三方互动的平台，完善了学校、家庭、社会三位一体的教育体系，丰富了学校的课程资源，利于家长和老师沟通与交流，更好地为学生健康成长营造良好的校园氛围和家庭环境，促进学生全面发展。

努力做孩子的榜样

凝碧校区　二（5）班　张嘉欣妈妈

　　9月23日，我参加了北京第二实验小学洛阳分校家长讲堂。这次讲堂，我提前一星期就开始精心筹备，从找资料到做手工的材料，我都认真仔细推敲，和女儿进行几次商讨，想让孩子们收获知识，还得到更多的开心与快乐。虽然准备了很长时间，可是当我站在讲台上的那一刻，心情还是无比忐忑。我进行简单的自我介绍之后，就正式展开了这堂课。孩子们一个个都很兴奋，眼神里充满着求知的欲望。我的心情也慢慢地平复了下来。

这节课，我从爱迪生的故事慢慢展开，结合提前做好的幻灯片，让孩子们深刻感受到每个成功人士都是通过自己不断努力、坚持不懈终而成功的。每当我提出问题时，孩子们都争先恐后地回答。我带领孩子们一起进行手工制作，让他们明白多动手动脑，同样可以收获成功和快乐。这节课就在这种轻松的气氛中结束了。

通过这次课程，我深刻体会到做老师的辛苦和不易。在此，对各位辛勤工作的老师表示衷心的感谢！家庭是孩子的第二堂课，父母是孩子的第一任师长，也是孩子的榜样，更是老师的左膀右臂。家长的一言一行对教育孩子都起着至关重要的作用。希望孩子们在我们家长和老师的细心呵护下，能够健康、快乐地成长。

老师这样说

家长讲堂，为孩子打开新视野

凝碧校区　二（5）班教师　赵亚芳

"以爱育爱，爱育精彩。"这精彩不光有学生、老师的精彩，更有家长的精彩。父母是孩子的第一任老师，对孩子的成长起着举足轻重的作用。父母教育孩子的过程中也在进行自身学习和感悟。家长讲堂的开设为家长和孩子的共同成长搭建了平台，让孩子们开阔视野，也让家长们进一步了解、体验教师的工作。

最初只有部分家长自愿参加，现在所有家长都参与其中。最初课程随机，现在纳入每周课表。学期初的家长会上我们就明确了每次上课的家长，家长们提前准备，有特殊情况提前调整，确保每次家长讲堂都有人上。讲课内容越来越充实广泛，课堂形式也越来越多样化，很受孩子们喜欢。每周都会有孩子问："这周该谁的家长来上课了？"我指指班务栏说："你去看看安排表来告诉我。"孩子们便高兴地跑开了。

我担任班主任两年了，家长讲堂也有声有色地开展了两年，每位家长都至少上过一次课。每个学期家长都会根据自己的实际情况选择上课时间，有的家长不知道怎么上，就先来听听别的家长的课；有的家长不会做PPT，就向亲戚朋友请教；有的家长太紧张了，站在讲台上边讲边擦汗，一节课下来衣服都湿透了。

给低年级孩子上课可不是一件容易的事。为了让孩子们喜欢自己上的课，家长们精心备课，尽量选择有趣的或有意义的内容。有讲故事、猜谜语、变魔术、做手工、做游戏、学跳舞，还有介绍动物、植物、天文方面的知识，介绍消防安全知识，介绍自己的日常工作，让孩子们了解不同职业都做些什么，等等。贾左程的爸爸百忙之中从郑州赶回来，为孩子们介绍郑州的立交桥，教孩子们认识各种车标，孩子们看得目瞪口呆。尹承恩的妈妈教大家变魔术。尹思颖的妈妈给大家讲"种子的旅行记"，还带来一些种子让孩子们看一看、摸一摸、认一认。丁艺璇的妈妈教大家做花篮。苑家豪的妈妈教大家做台灯。大家开心极了！

一节节家长讲堂为孩子们打开了新视野，家长和孩子们一起在快乐中学习提高，共同成长。家长讲堂，架起一座家长与学校沟通的桥梁，让更多的家长意识到家庭教育对孩子成长的重要作用。家校联手育英才，让我们的下一代健康成长，让我们陪孩子走过一段精彩的童年！

动物乐园

可爱的动物

授课班级：美茵校区 一（1）班　家长姓名：魏薇　学生姓名：庞烁宇

家长简介：

魏薇，河南科技大学教师，从事俄语和医学拉丁语教学工作。

授课主题：

可爱的动物

教学过程：

一、从孩子们熟知的几种动物引入主题

地球上生活着许多种动物，有我们生活中常见的小猫、小狗、小鸟，还有在动物园里见到的老虎、狗熊、猴子等。它们有的生活在森林里，有的生活在草原上，有的在天上飞，有的在水里游。

同学们，你们认识图片上的动物吗？（展示课件）

同学们，你们知道地球上大概有多少种动物吗？

据动物学家统计，目前地球上已知的动物大约有150万种。对于这么多种动物，我们人类给它们进行了分类。

二、动物的分类

你们知道动物学家是怎么给动物分类的吗？

动物可分为脊椎动物和无脊椎动物两大类。脊椎动物身体背部都有一根由许多椎骨组成的脊柱，一般个体较大；无脊椎动物的身体没有脊柱，多数个体很小。

脊椎动物又可分为鱼类、两栖类、爬行类、鸟类和哺乳类。

无脊椎动物种类很多，科学家们发现了大约130多万种，占整个动物种数的

90%以上。这些动物中多数是昆虫，并且昆虫中多数是甲虫（读过《昆虫记》的同学应该知道）。苍蝇、蚊子、蚂蚱、蜜蜂、蝴蝶等昆虫都是无脊椎动物。

世界上还有许多种动物未被发现。

三、我国动物资源的情况（简要介绍）

全世界有那么多种动物，那么我们中国有多少种动物呢？（PPT展示）

四、我国特有的珍稀动物

有的动物比较常见，跟人类朝夕相处。有的动物却非常罕见、稀少，这样的动物就是珍稀动物。

同学们，你们知道哪些动物是珍稀动物吗？下面我们就来认识一些我国特有的珍稀动物，请大家说出它们的种类。

五、欣赏动画片《鹬》（6分钟）

《鹬》讲述了一只饥饿的小矶鹬，努力克服恐水症，到海浪肆虐的沙滩上觅食的故事。

讨论：你从这个动画片中学到了什么？

家长热议

你们给我动力与勇气

美茵校区 一（1）班 吴思源妈妈

家长讲堂已结束一个多月了，至今回想起来仍历历在目。都说陪伴是最好的教育，在孩子上一年级这么重要的时刻，我能走进孩子的教室，走上孩子的讲堂，为孩子们讲一小节课，为孩子们做个榜样，让孩子们有一点儿收获，我觉得充满了正能量，充满了爱。

学校设立的家长讲堂和精彩两分钟，让家长和孩子在讲台上绽放了精彩，用行动诠释了"爱育精彩"的教育理念。参与家长讲堂之初，我的内心是有一丝紧张的，从来没讲过课，害怕讲不好，是李老师和弓老师的鼓励给了我信心。后来从选题到备课，再到讲课，我们和孩子共同参与，共同经历了成长。特别是当天一进教室，立刻被一（1）班孩子们的热情感染。孩子们积极阳光的态度，让我感受到了一个优秀班级的氛围。走进孩子们的课堂，让我近距离了解了孩子在群体学习生活中的具体情况，也体会到了老师培养学生的艰辛。

最后，特别要感谢两位老师提供的平台，感谢你们让我有机会这么近距离参与和见证孩子的成长。孩子成长在路上，家校互动永远在路上，这样的家校互动，有创意、有爱心、有收获，为你们点赞。

老师这样说

家长进课堂　家校更和谐

美茵校区　一（1）班　李鹏鹏

家长讲堂活动，增强了家长对学校、老师、孩子的了解，拉近了距离，密切了关系，促进了家校和谐发展。很多家长讲完课之后都感慨道："老师真是太辛苦了！我们这上一节课都手忙脚乱，当老师真不容易！""孩子们不好管理，老师真有办法！""我们家孩子毛病太多了，以后得注意好好教育。""孩子们真有礼貌！一（1）班真棒！"家长走进课堂，可以感受孩子们的听课状态，感受老师的班级管理，也能感受班级文化氛围，还能直接看看自己孩子的状态。参加过家长讲堂之后，家长对待孩子会更加严格，孩子也会有很大的进步。

家长讲堂活动，增长了孩子们的见闻，孩子们了解到很多以前不知道的知识。牛贝尔妈妈是市政府的一名翻译，经常去各个国家。她带给大家的是学习英语的重要性，也带领孩子们了解了不同国家的名胜建筑；苹果妈妈在国庆节前讲国旗的含义，带着大家一起制作国旗，让孩子们从小有爱国意识；张晨乐爸爸带来了恐龙模型，带领同学们走进恐龙的世界；连奕辰爸爸带来了汽车模型，讲解汽车的发明和各种汽车生产的知识；张倖瑜妈妈带来了小麦种子，讲解小麦种植的有关知识，教育孩子珍惜粮食；裴江南爸爸讲电的产生；吴思源妈妈讲手机的发展史；贾崟淇妈妈讲爱牙护牙常识；党浩轩妈妈带孩子们制作水果拼盘……

家长讲堂活动，让家长更积极地配合老师工作，给孩子们做了表率。积极地报名，精心地准备，精彩地展示、用心的礼物等，使家长、老师、孩子之间更加亲密，无形之中相互影响，共同进步。

国宝动物

授课班级：美茵校区 一(9)班　家长姓名：吕琼霞　学生姓名：管熙昀

家长简介：

吕琼霞，河南科技大学动物科技学院教师。

授课主题：

国宝动物

教学过程：

1. 给孩子们讲解国宝动物的概念，以及了解国宝动物的意义。

2. 让孩子们先说说中国的代表动物——大熊猫。

3. 美国的白头秃鹰。首先结合图片和同学们一起说出鹰的外形特点，告诉大家它之所以能成为美国国宝动物的原因。

4. 孟加拉虎。让大家一起说出老虎的英文单词"tiger"，和同学们互动，详细地告诉同学们老虎的分类和它们各自的外形特点。

5. 依次介绍俄罗斯的北极熊、澳大利亚的考拉和袋鼠。给孩子们讲述这些动物能够成为代表性动物的原因，以及这些动物具有什么样的象征意义。

6. 讲阿拉伯国家的代表动物。从骆驼的生理结构特点着手讲解它能够长期耐饥渴的原因，并提问：同学们，阿拉伯国家都有哪些？为什么叫阿拉伯国家？我们今天学习的阿拉伯数字和他们又有什么关系呢？间接地给孩子们传授生物学、人文地理等知识，扩大他们的知识面。

7. 让孩子们自己也讲讲他们熟悉的其他国家的代表动物，给他们鼓励和自信，进一步激发他们扩充课外知识的热情。

学生新知

欢乐讲堂

美茵校区 一(9)班 赵语晨

每周五的下午都是我们小朋友最期待的时候，期待着未知的小礼物，期待着不同职业的叔叔阿姨为我们准备的各种各样知识的课堂。

叔叔阿姨们在百忙之中为我们准备了精彩的讲课。听了贾子涵妈妈的"如何做一个讲卫生的好孩子"，从此饭前我不再忘记洗手；听了韩雨杉爸爸的"安全知识"，从此过马路我坚持走斑马线；听了马梓煊爸爸的"如何预防近视"，写作业时我注意坐姿……在这些精彩的讲堂中，我最喜欢齐欣悦爸爸的"大气污染"，去年的雾霾放假，就是地球爸爸给我们的一个教训。还有缇缇爸爸的"神奇飞机"，我最喜欢的是战斗机"闪电"、运输机"胖妞"，希望有一天我也能坐上去，遨游在蓝色天空。

欢乐的家长讲堂，让我们的梦想在这些知识中慢慢发芽并茁壮成长。

家长热议

一次美妙的体验

美茵校区 一(9)班 常馨羽妈妈

曾经无数次地以为，我再也不会有机会站在那已经阔别十年之久的讲台上高谈阔论了。但是，学校的家长讲堂给了我一次重温历史的美妙体验。

报名以来，我就一直在纠结：我要讲什么？如何布局和分配时间？平时工作不用PPT，我就拜托曾经教过的已经走上工作岗位的学生来教我。虽然我无法保证所有的备课都尽善尽美，但最起码我已经尽心尽力、尽职尽责了，对得起这千载难逢的机会。终于迎来了家长讲堂这一天，我像进京赶考的考生一样，怀着万分激动和惴惴不安的心情，早早来到校门口。我刚到一（9）班门口，小朋友们都呼呼啦啦地围过来，满脸好奇和热情地问开了：您是谁的妈妈呀？您今天讲什么呀？您带的什么礼物呀？悄悄地告诉我吧！我会保密的……一张张天真无邪的笑脸，让人瞬间消除了业务生疏的紧张感。讲课时间开始了，一切都比我预想的要顺利，因为这些小家伙太配合了！他们那种探索未知世界的新奇感和求知欲太强烈了！成年后的学生的反应和他们有着天壤之别！你随便放一张樱花、火山和温泉的照片，他们都会张大嘴巴"哇"，发出一声感叹；你随便提个问题，他们就会像欢快的小鸟一样七嘴八舌地给出无数的答案。最后的环节是学习基本的日语问候语。小朋友们也是声音洪亮、记忆快速。

这样的课堂气氛，我也是第一次体验到。在我从教的生涯中，面对的都是大一点的学生，他们和老师的相处模式基本像朋友一样，即便你讲到他认同和感兴趣的东西，他们也基本上就是微微一笑，一副风轻云淡、荣辱不惊的表情。你能感觉到：他们懂事，但也不易改变。而这些小朋友会让你感觉到：世间一切皆可能，看你如何去因材施教。看着那一张张充满朝气的脸庞，感觉那就像一幅幅富有留白的美丽的画，只要用心去呵护和浇灌，他们就会在自己擅长的领域里绽放，创造出无限的可能性。

> 老师这样说

从"恐怖片"到"喜剧片"
——记家长讲堂中的一件事

美茵校区　一（9）班　赵岩

3月9日

23：35　夜已深，睡前翻看明天谁是家长讲堂的老师（因为我们的家长讲堂已无须提醒，家长们都惦记而且积极准备着呢）。这一看可不要紧，发现自己犯了一个重大的错误，我所排列的时间表居然生生少了一次，也就是说我在3月3日之后，直接排了3月17日。天哪，瞬间睡意全无，而那个时候，已经23：36。顿时觉得好难过，因为自己的失误，辜负了孩子们对家长讲堂深深的期许。这个时候联系谁也不合适啊，毕竟太晚了，这一夜，我都睡得不踏实，内心的不安与恐慌……

3月10日

08：03　早上，我抱着试试看的态度给张坦兴的爸爸打了个电话（因为他上个学期已经讲过，而且这学期又积极申报了，考虑到大家的共同参与，他又成为本学期的"机动老师"），看他今天是否有时间准备这次课。没想到他毫不犹豫地答应了，还担心时间仓促，会准备得不够充分。而我的内心是满满的感动……

15：00　张坦兴的爸爸准时出现在我们教室门口。我还清楚地记得，上个学期，为了准备家长讲堂，刚刚从广州出差回来的他，几乎一宿没睡，用3D打印机给孩子们制作了各种可爱的小动物，让孩子们体验科技的魅力。今天，他拿出整整一天时间认真备课，为的是弥补因我的过错带给孩子们的失望……

15∶05 我坦诚地向学生们道歉。学生还天真地问我："老师，您是开玩笑还是真的？"我认真地说："是真的。所以，咱们今天要听得格外认真哦。"

15∶10—15∶40 一堂精彩的有关环保的课程。PM2.5和PM1.0到底有多小？危害到底有多大？污染分为哪些种类呢？怎么做才可以将污染降到最低呢？专业而又深入浅出的讲解，配上制作精美的PPT，学生们听得好专心，还不时提一些令人忍俊不禁的问题。这堂课，体现的是专业，更是对孩子们满满的爱。

22∶00 细细想来这24个小时内的故事，心中仍波澜起伏，感动满满。心情由发现自己失误时候的惊悚，变为对张坦兴爸爸敬业与担当的惊叹。于我们老师而言，每一次的感动，又何尝不是一次成长和学习。爱的路上，一路同行，朝阳初升，那金色的光，却已洒满心田。

神奇的蚂蚁

授课班级：美茵校区　二（4）班　家长姓名：张小芳　学生姓名：王元熙

家长简介：

张小芳，洛阳师范学院讲师，主讲大学英语。

授课主题：

神奇的蚂蚁。

教学过程：

一、引入话题

猜谜语：（猜一动物名称）

　　　　身体虽不大，力气可不小。

　　　　有时搬粮食，有时挖地道。

　　　　团结又互助，勤劳又善良。

二、课堂讲解

1. 蚂蚁的样子

仔细观察蚂蚁的身体构造。

（展示课件）

2. 蚂蚁的家

　简要介绍蚁巢的构造和蚂蚁的分工。蚁巢的每个部分都是有规划的，蚁巢中有寝室、储藏室、育婴师、蚁后室及墓穴。每个部分都干干净净、整整齐齐的。在蚂

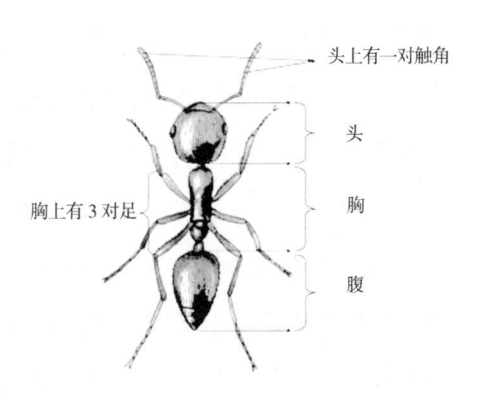

蚁大家庭中虽然成员很多，但是每个成员都有自己的分工，不会搞混。

①蚁巢的外观。（展示课件）

②蚁巢内部。（展示课件）

③蚂蚁的种类。

④蚂蚁的神奇之处。

传递信息：蚂蚁是靠它们的触角相互接触来传递信息的。

蚂蚁触角上分布有大量的嗅觉感受器，蚂蚁主要依靠它们来辨别气味。不过，蚂蚁也常利用触角的触觉功能相互沟通。我们经常看到两只蚂蚁的触角轻轻相碰，而信息也就跟着很快传递过去了。

学生新知

方寸之间，彰显家长风采

美茵校区　二（4）班　黄钰昕

周五最后一节课是我们最期待的课程，因为我们能迎来一位特殊的老师——家长！在我们翘首以盼的目光中迎来了一位又一位家长。

家长讲堂的内容叮丰富啦。有的家长带着我们一起做科学实验，我知道了某种金属遇见水能爆炸！这种金属的名字叫钠！回家后我告诉了妈妈，妈妈说："哇！在学校里能见到这么有趣的实验，真是太棒了！这知识可是我在初中三年级才学到的呢，没想到你这个二年级的小学生就知道。家长讲堂让你们学会很多课外的知识，绝对赞！"有的家长告诉我们要珍惜水资源，水是生命之源，可是现在地球严重缺水，我们每个人都要提高节约用水的意识。有的家长还为我们讲述了细菌的真面目，原来并不是所有的细菌都是坏蛋，在生活中还有很多的益生菌，像酸奶中的乳酸菌、双歧杆菌，还有能为我们提供食材的各种美味菌种。最酷的是有一节家长讲堂来了一位警察！他给我们带来了儿童如何防拐防骗，告诉我们不能接受陌生人给的任何物品、不能随便去别人家做客、不给陌生人开门。

在家长讲堂中，我学习到了很多有用的知识，我特别开心学校有家长讲堂这节课！

家长热议

家长讲堂，孩子精彩一生的开始

美茵校区　二（4）班　昌若曦爸爸

"今天是星期五，下午我们又可以上家长讲堂课了！"几乎每个周五早上，在我送女儿去学校的路上，她都抑制不住兴奋的心情向我预告。家长讲堂已经成为孩子每周的一个期待。

去年冬天的一个周五下午，我有幸走进家长讲堂，和同学们一起成长了一次。我与孩子们分享的主题是"花"。在洛阳，提起花，人们首先想到的就是牡丹花。为了讲好"花"这个主题，我特意从温室花棚里找来了一些盛开的不同颜色的牡丹花，还在花卉市场买了康乃馨和玫瑰花。当我带着牡丹花、康乃馨和玫瑰花步入教室，走上讲台：

"哇，是个爸爸啊！这是谁的爸爸啊？"

"哇，这么漂亮的花啊！这是什么花啊？"

看到下面一张张惊讶好奇的稚嫩脸庞，一双双流露求知神情的明亮眼睛，听到孩子们情不自禁的感叹和疑惑，我的心情非常激动，当然还有些紧张。但孩子们的反应也让我自豪了一把，我是孩子班级中走进家长讲堂的第一位男家长。在整节课中，孩子们学习知识的心情和对大自然的感知能力更让我惊讶。孩子们争先恐后地回答我提出的每一个问题，我在每一个同学的眼睛里看到了他们对知识的渴望，对生活的热爱！

短短的40分钟很快就结束了，我意犹未尽，快乐和美好长留在我的心中。家长讲堂活动不仅为家长提供了与孩子零距离接触与沟通的机会，也给家长一个展示自我的机会。我的家长讲堂课仅仅是北二分家长讲堂的一个缩影，家长讲堂已伴随女儿走过了两年。两年来，家长讲堂的内容有植物的种子、雾霾、小魔术、做蛋糕、食品安全、消防安全、交通安全、小朋友人身安全、昆虫、曲艺、磁悬浮的笔、新闻等，涵盖了植物、动物、科学、艺术、社会、生活、安全等许多方面。每周五放学回来，女儿也要给我们上一次"家长讲堂"。

家长讲堂不仅有与学生紧密关联而又丰富多彩的课外知识，还能让同学们领略到来自不同家庭的教育风格，对于拓宽他们的视野、引领他们对未知领域的好奇心、提升学习各种科学文化知识的兴趣具有不可替代的作用，也显著地促进了同学们的正常学习。

老师这样说

携手家长，相约精彩

美茵校区　二（4）班　梁艳

一

在钰昕妈妈知性完美的精彩讲课后，我也开始期待这一周一次的家长讲堂了。

今天是翊航妈妈来上课，3点10分开课，她2点40分就到了，为这样热情积极的妈妈点赞！

开课啦！本周的主题是"营养"。看着设计精美的图片，听家长老师讲"氢化植物油"的危害，孩子们一次次为看到自己喜欢的零食而欢呼，又不时地为"植物奶油"的危害而唏嘘……

激动人心的时刻到了,在欣赏完翊航妈妈给孩子们亲手做的生日蛋糕后,孩子们收获了美味与健康并存的"水果推推乐"。

烘焙的甜点、新鲜的水果,一个孩子说要和家人分享,同学们纷纷响应……这岂是一个"精彩"所能涵括的?

二

不知不觉,家长讲堂已进行快两年了,用心的家长、精彩的课堂、丰富的内容,精彩纷呈。

春天里我们有关于"希望"和"植物生长"的主题,给孩子们发下种子,让孩子们亲手播种子,等待发芽,这个过程是多么美好!夏日里我们有"玩水防水"主题。孩子们热爱自然,我们又能随着家长领略蚂蚁、蜜蜂的神奇世界,甚至回到亿万年前和"恐龙"同处一室。孩子们还是爱科学的,太阳能、风力发电以及科学小实验满足了他们小小的探索欲。

安全对我们家长、老师来讲是老生常谈,可当警察叔叔来到课堂上跟孩子们讲防拐骗,真实的案例让孩子们听得那么投入,紧张的表情看得出他们的认知更深刻了。

三

家长资源是学校最为丰富的校外教育资源,通过家长讲堂,孩子们丰富了知识、拓宽了视野,家长们也更深入地了解了班级和孩子在校的状态,更好地推动了班级、学校的发展。家校联手,为孩子的成长助力。真诚地希望更多的家长朋友走上讲台,和孩子们共话美好、书写精彩!

恐 龙

授课班级：凝碧校区　二（3）班　家长姓名：刘利朋　学生姓名：崔思佳

家长简介：

刘利朋，她一直关注孩子的教育问题，在孩子的学习上严格要求，积极配合学校的各种工作。

授课主题：

恐龙

教学过程：

一、导入

有关恐龙的谜语。

二、恐龙的基本资料

恐龙大多数属于陆生爬行动物。生活在距今约2.35亿年至6500万年前的能以后肢支撑身体直立行走的一类动物。

三、恐龙的由来

大约距离今天有2亿年到7000万年的时候，我们的地球上生活着庞大的恐龙家族。

四、恐龙灭绝时间及原因

1. 气候变化；2. 火山喷发；3. 彗星碰撞。

五、恐龙的类别

恐龙就像现在的动物一样，有大的，有小的；有两条腿走路的，有四条腿走路的；有吃植物的，有吃肉的；有皮肤光滑的，有皮肤上有鳞的。

学生新知

惜福节俭——从我身边做起

凝碧校区 二（3）班 李玉珊

赵思雨的家长讲堂是我记忆最深刻的，因为她讲的是发生在我们身边的事情。

世界上的水、食物、环境是我们最珍贵的东西，而山区里的孩子们是那么贫穷，要喝点水都很困难，每天都吃不饱，衣服和鞋子都是破的，而且也没有良好的学习环境供他们去学习。再想想我们有着丰衣足食的生活，还有这么好的学习环境。我以后要节约用水，不浪费食物。拥有这么良好的学习环境，我们一定要好好学习，天天向上。

家长热议

花开五月

凝碧校区 二（3）班 赵思雨妈妈

5月，花开的季节，劳动的季节。5月19日我带着惶恐和责任为北二分二（3）班的小朋友上了一次家长讲堂。

二（3）班的教室是温馨的，满目都是老师们对孩子的激励和呵护。当我走进教室的时候，孩子们一起鼓掌欢迎。我被孩子们的热情感染，我下决心一定要把这次的家长讲堂讲好，让孩子们从中学到知识，提高自己。

我站在讲台上，打开课件，孩子们既好奇又兴奋地看着我。我讲的主题是关于卫生方面的——"你会洗手吗？"看到我讲解的内容，孩子们都笑了，洗手谁不会呀，这个还用讲吗？我提问了几个孩子，孩子们都说自己会洗手。我在孩子们发言的基础上，由浅入深，积极引导孩子们探讨怎样洗手是正确的，每天要洗几次手，怎样洗手才能远离病菌。孩子们积极发言，深入探讨，学习正确的洗手方法。在探讨的过程中，我看到了孩子们对于新知识的好奇、兴奋，也感觉到孩子们学习的热情，我从中也受益匪浅。

在讲解的最后，我让孩子们看了一组贫困山区的图片。孩子们积极发言，表示自己的生活太幸福了，以后要努力学习，感恩父母，感谢老师，做一个对社会有用的人！一节课下来，孩子们在探讨中学到了不少知识，提高了自己的能力。而我也深深地感受到一个老师的不易，特别是带低年级的孩子，过程的艰辛我难以想象。

我个人收获也颇大。在走进课堂近距离了解班级氛围过程中，我被二(3)班全体孩子身上散发的那种阳光积极、文明上进的品质所感染，通过对比观察孩子们的课堂倾听及活动参与情况，发现了我不曾看到的一面，为我后期教育引导赵思雨提供了参考。真的感谢学校为家长们建起了这样好的一个平台，这样的家校沟通，有创意，有爱意！

老师这样说

家长讲堂，为家长与学校架起一条彩虹桥

凝碧校区　二(3)班　张誉凡

来到学校，我接触到了许多新颖的教学模式和课堂组织形式，最让我感兴趣的就是家长讲堂了！家长这个角色，往往都是远离在教室之外的，让家长站在老师的讲台上为学生真真正正上一堂课，这个想法实在是太棒了！

为了准备一堂优秀的家长讲堂，家长需要像每一位老师一样，提前备课、了解学生程度、准备教学用具……常有人倡导家长要换位思考，体谅教师的辛苦，那些大道理都比不上让家长实实在在地参加一次家长讲堂。

除此之外，家长讲堂也是家长与孩子沟通的良方。"这次我妈妈爸爸来

讲恐龙，可有意思了！下次你家长来讲什么？"这是家长讲堂按部就班开展之后经常能听到的孩子们之间的对话。家长准备得精心，能让其他孩子听得认真，孩子也更为自己的家长自豪，见识到自己父母不一样的一面。

当然，我觉得家长讲堂最大的作用是让父母能更直观地看到自己孩子的表现。作为班主任，每次给家长反映孩子的课堂习惯的时候，最常听到的就是："我们孩子在幼儿园、辅导班表现得很好啊！"孩子课堂表现到底怎么样，来家长讲堂讲一次就能直观地看到了！

我校旨在塑造精彩学生、精彩家长、精彩教师。家长讲堂就是塑造精彩家长的一个很好的手段。我相信，讲台对于很多人来讲都是很有吸引力的。家长经过精心准备之后，能自信地站在讲台上，这绝对是一次挑战，也是一次发现自己闪光点的机会。

生命安全

远离踩踏 珍爱生命

授课班级：美茵校区 一（4）班　家长姓名：董香玲　学生姓名：刘育硕

家长简介：

董香玲，伊川县县直第二幼儿园副园长。

授课主题：

远离踩踏　珍爱生命

教学过程：

一、导入部分

多媒体课件展示有关踩踏事件的新闻报道、图片或视频。

二、引导学生总结

1. 导致踩踏事故的原因

①人群较为集中时，前面有人摔倒，后面人未留意，没有止步。

②人群受到惊吓，产生恐慌，出现惊慌失措的失控局面，在无组织无目的的逃生中，相互拥挤踩踏。

③人群过于激动（兴奋、愤怒等）而出现骚乱，易发生踩踏。

④人群中有人不遵守行进规则。

⑤在突然发生地震、洪水、火灾、停电等情况下。

2. 容易发生踩踏事故的场所

在学校、体育场馆、影院、酒吧、狭窄的街道、楼梯等空间有限而人群相对集中的场所，遇有突发情况，容易发生踩踏事件。

三、联系实际分析

1. 在我们学校存在哪些踩踏事故的诱发因素：

①我们学校的教学楼是单面楼梯。

②在上午和下午的大课间，楼道里、楼梯上活动的学生多，很拥挤。有的学生喜欢在楼道里、楼梯上奔跑。

③楼道和楼梯的地砖面有些滑，特别是在雨雪天气，容易滑倒。

2. 为了我们的生命安全，我们在上、下楼梯时应该注意：

①上、下楼梯要相互礼让，遵守秩序，靠右行走。

②在上操、集合等上、下楼活动中，不求快，要求稳。

③在楼梯间不打闹、不搞恶作剧等。

四、问答题（学生分组讨论、代表发言、教师补充，最后评出安全小组）

万一我们面临危险情况怎么办？

1. 发觉拥挤的人群向着自己行走的方向拥来时，是马上避到一旁，还是快跑？为什么？

答：应该马上避到一旁，不要奔跑，以免摔倒，被踩踏。不要逆着人流前进，那样非常容易被推倒在地。如有可能，抓住一样坚固牢靠的东西，待人群过去后，迅速而镇静地离开现场。

2. 遭遇拥挤的人流时，鞋子被踩掉或鞋带开了怎么办？

答：一定不要贸然弯腰提鞋或系鞋带，万不得已就把鞋子甩掉。

3. 当发现自己前面有人突然摔倒了怎么办？

答：马上停下脚步，同时大声呼救，告知后面的人不要向前靠近。

4. 若被推倒怎么办？

答：要设法靠近墙壁，面向墙壁，身体蜷成球状，双手在颈后紧扣，以保护身体最脆弱的部位。（模拟动作）

五、专家建议（多媒体展示并播放录音）

1. 在拥挤的人群中，一定要时时保持警惕，不要总是被好奇心理所驱使。当发现有人情绪不对或人群开始骚动时，就要做好准备保护自己和他人。当面对惊慌失措的人群时，更要保持自己情绪稳定，不要被别人感染，惊慌只会使情况更糟。

2. 在拥挤人群中前进时，要用一只手紧握另一手腕，手肘撑开，平放于胸前，微微向前弯腰，形成一定空间，以保持呼吸道通畅。（听后练习做法）

3. 已被裹挟至人群中时，要切记和大多数人的前进方向保持一致，不要试图超过别人，更不能逆行，要听从指挥人员口令。同时发扬团队精神，组织纪律性在灾难面前非常重要，心理镇静是个人逃生的前提，服从大局是集体逃生的关键。

4. 如果出现拥挤踩踏的现象，应及时联系外援，寻求帮助。赶快拨打110或120。

六、总结内容

生命对于我们每个人都只有一次，我们一定要学会自我保护，自我救助。都要从我做起、从现在做起，遵守秩序，远离踩踏，用自己的实际行动珍爱生命！

学生新知

我爱家长讲堂

美茵校区 一（4）班 舒浦峻

每周我们学校都有一节特殊的课堂，主讲人不是老师，而是我们班一位同学的家长。来讲课的每一位大朋友，都会带给同学们各种各样的知识。我喜欢每一位大朋友的到来，喜欢与他们互动。我的妈妈也来过，讲了她的工作，让我从另一个角度认识了她。听了她讲课，我的同学也想从事和妈妈一样的职业，我感到很自豪。妈妈每周五都会问我家长讲堂谁去了，讲的是什么，还说好羡慕我，可以在学校就接触到各方面的知识，太幸福了。我也这么觉得。还有一个小秘密悄悄说一下，我和我的小伙伴们经常会得到家长讲堂的小礼物，好开心！我爱我的学校，我爱老师、同学们和每一位来到家长讲堂的大朋友！

家长热议

初登讲台，走出精彩

美茵校区　一（4）班　李致远爸爸

在一（4）班两位班主任老师的鼓励下，我作为第一个家长讲堂老师，来到了三尺讲台，送上我为孩子们谱写的航空人的美妙旋律。希望我的讲述，能成为严肃课堂的开心陪伴。我亦想早早为孩子们构筑一个航空报国的美梦，只愿小天使们茁壮长大后，为祖国国防事业出一份力。

初登讲堂，我激动得不知所措。好在王老师和李老师鼎力相助，赶紧给同学们介绍了我这个仓促的老师。等王老师介绍完之后，我方回过神来。望着那些渴望、疑惑、期待的眼神，我瞬间感觉到了满满的责任。那一双双小眼睛里面，写满了好奇，"这个陌生的叔叔，能给我们讲些什么呢？讲得好不好玩儿呢？"看到这些，我暗暗告诉自己，我绝不能让他们失望，家长讲堂要继续，而我是第一个，一定要开好头！我瞬间充满了力量。

美妙的课程开始了。我在人生中第一次体验一个小学教师的角色。我首先以漫画的形式，讲解了自尊自爱、自强自信、爱国、自律的含义，以问答的形式讲解了什么是价值、学习重不重要、怎么做才是有礼貌等。每一个问题提出后，满教室齐刷刷的小手举了起来，孩子们的积极、配合、专注、认可给我带来了极大的满足感，每一次我都尽量多叫几个孩子回答问题。看着没有被叫到的孩子满脸的遗憾，我多么希望时光可以慢一点，让每一个孩子都能有机会表现自己，说说自己的想法。我也多么希望尽我所能，把人生理念、经验、教训甚至所有有益的知识，用一节课的时间，用最简单的道理、最活泼的形式，在他们心中留下哪怕模模糊糊的认知。我也期望在他们未来的人生道路上，因为这一次短暂的师生情谊，因为我讲的简简单单的几句话，他们能够走得顺利一点。更期望，这些知识能够像种子一样深深地埋在他们心中，随着时间茁壮成长。

时间总是悄悄地溜走，眼看就要超时了，孩子们最期待的，也是我珍藏的秘密武器来啦！幽灵轰炸机魔幻的外形，猛禽战机凶悍的战斗力，大黄蜂战机怎么从航母上起飞，雷霆战机如何实现垂直起降，我们的猛龙可以挂几枚弹，枭龙主要卖给哪个国家，我们国家最先进的战机是什么样子。孩子们不时发出一阵阵惊呼，他们好奇的眼神、崇拜的神情、可爱的问题、都让我觉得今天的讲课是成功的。那颗我期待的种子，已经种在他们心间。

下课铃响了，我竟意犹未尽！通过这次活动，我切身体会到了老师的辛苦。对于这一堂课，我在家准备了很久，想尽各种教学形式。而老师天天都如此辛苦，才能让孩子们每天都那么开心快乐地度过学校时光，而且老师还要顾及每个孩子的情绪，不能顾此失彼，实在是太不容易了。我充分感受到了课堂上孩子们多姿多彩的模样，他们单纯、聪颖、积极、认真，求知欲强烈，喜欢学校，热爱班级。太感谢这些可爱的孩子了。

老师这样说

家校共育，共创精彩

美茵校区　一（4）班　王薇薇

家长讲堂一直是学校的特色之一。它是连接家校的重要纽带，既让孩子们从不同领域学到了新知识，又让家长亲身感受到了做教师的苦与乐。增进理解，促进成长！

每周五都是孩子们最期待的日子。孩子们的这份激动不仅是因为一周一变的家长面孔，更是因为每位家长都会把他们带入新的领域，开启不同的篇章。在这个课堂中，有探索宇宙的，有潜入海底的，有走进昆虫世界的，也有涉足科学领域的……孩子们每次都兴致勃勃，认真聆听，积极互动。曾有多位家长向我反馈，每周五接到孩子，孩子都会迫不及待地给他们讲家长讲堂的种种收获，有些知识就连大人都不知道，孩子的那种快乐溢于言表。我想这就是家长讲堂存在的意义吧！

精彩的课堂呈现，少不了家长课前的精心准备。回想这一年，每一次家长讲堂就像过电影一样在脑海中浮现。忘不了第一个走上讲台的李致远爸爸，当他出示自己研制的飞机机件及头盔时，台下一片沸腾；忘不了牙医叶子妈妈甜美的笑容，让我们忘却了所有拔牙的恐惧；忘不了李林朔爸爸的魔术，让我们摩拳擦掌，跃跃欲试；忘不了李宁远妈妈别具匠心的设计，当出示我们两位老师的照片，当孩子们大声喊道"老师，我爱你"时，我泪如雨下；忘不了不会普通话的田泇晓妈妈积极报名的勇气，朴实的着装，朴实的言语，备感亲切。忘不了的还有很多很多……

安全小故事

授课班级：美茵校区　一（11）班　家长姓名：李静　学生姓名：李泽宇

家长简介：

李静，教育行业从业者。

授课主题：

安全小故事

教学过程：

一、导入

"小朋友，如果有一天你遇到了坏人，这个坏人还要你帮他做事，并且要你为他保守秘密，不能告诉任何人，包括你的爸爸妈妈，你会怎么做？"

二、观看课件《小松鼠皮皮》

1. 引入："有一天，小松鼠皮皮就遇到了这样的事情，我们一起去看看到底发生了什么。"

2. 播放课件《小松鼠皮皮》。

3. 讨论：激发同学们大胆说出看完故事后的感受。

"小朋友们，看完这个故事以后，你想说些什么呢？有哪位小朋友愿意跟我们分享一下你现在的感受？"（举手发言）

4. 小结：我们知道，妈妈是我们最好的朋友。不管是开心的事还是不开心的事，我们都要告诉妈妈，妈妈一定会有办法帮我们解决问题！另外，我们绝不能替坏人保守秘密，因为坏人的秘密就是怎样去害人！

三、观看课件《聪明的小白兔》

1. 引入:"有一天,小明、小红和小亮三个好朋友一起出去玩,在路上他们看到一个坏人正在偷东西。如果你是他们的其中一个,你会怎么做?"

2. 讨论。

3. 播放课件《聪明的小白兔》。

4. 再次讨论,激发同学们大胆说出看完故事后的感受。

"小朋友们,看完了这个故事,你知道遇到坏人我们应该怎么做了吗?你懂得如何保护自己了吗?"(举手发言)

5. 小结:我们要知道,生命是最重要的,做任何事情都要把安全放在第一位!看见坏人干坏事时,我们不可以像故事中的小黑羊一样装作没看见,也不可以像小灰猴一样直接揭发,把看到的悄悄告诉爸爸妈妈或者警察叔叔就好。

四、总结

小朋友们,作为父母,我们不能时时刻刻陪伴在你们的身边,所以,我们一定要教会你们如何保护自己!每个父母最大的心愿,就是希望自己的孩子能够平平安安、健健康康地长大!在这里,我也祝愿你们每一个小朋友都能健康快乐、茁壮成长!

学生新知

快乐的家长讲堂

美茵校区　一(11)班　刘怡涵

我非常喜欢今天的家长讲堂,许馨泽妈妈为我们讲了"爱心树"的故事。里面讲的是一个小男孩儿和一棵大树的故事。小男孩儿问大树要了很多东西,大树每次都说:"孩子,你拿去吧!"最后,大树变成了一个树根。

听了这个故事,我觉得大树就像我们的妈妈一样,每次都把好东西给我们。我以后会更爱我的妈妈，多帮妈妈干些家务活。马上就要母亲节了，我一定让妈妈过一个快乐的节日。

家长热议

与孩子相伴成长

美茵校区 一（11）班 李霁轩妈妈

伴随着儿子小学生活的开始，我也开启了一种新的生活模式，和他一起来适应小学生活！和他一起练字，一起读书，一起准备精彩两分钟，一起选择家长讲堂的题目……

我已经参加过两次家长讲堂了。第一次是在冬天，讲的是"雾霾"，主要是想让孩子们从自我出发去爱护环境，首先改变自己，再次去影响家人一起来维护我们的环境。

第二次我讲了"人类的起源"，这是和儿子一起读《写给孩子的中国历史》时受到的启发。为了这不到半个小时的课堂，我查阅资料大概用了两天的时间。这个过程中，我不断地查阅让我对事情的理解更加清晰，让本来模糊的表述语言也更加精准。我也把这个方法教给了儿子。有一天，我看到他的语文书中有一个生词"和声"，我就问："李霁轩，'和声'的'和'是这个字吗？"他很肯定地告诉我："是呀，妈妈，我查字典啦！"不错呀，会自己运用工具解决问题啦！

如果说第一次的讲课是热身的话，那么第二次的讲课就潇洒多了。在课件上不再是站在大人的角度用理论说话，而是运用孩子感兴趣的图片和小故事绘声绘色地讲给他们。因为有了第一次的经验，呆板的"念"课是吸引不到他们的。第二次的"讲"比第一次的初来乍到要好得多。更自如也更洒脱了。而且令我意外的是，竟有一位小朋友在日记里写到"李霁轩妈妈的家长讲堂",字里行间满满的全是喜欢,这对我也是一种鼓舞。

家长讲堂,不只是一节大人给孩子上的课,这是学校给我们的一次宝贵的人生经历。它让孩子们能够透过我们的眼睛去看世界,通过我们的分析去认识世界。它让这30分钟构建了家长和孩子的别样沟通。它其实也是家长把心声、知识、道理、美德、安全、社会常识甚至自然美学一起呈现给孩子们的一节强大的综合体验课。它也是让我们在现今社会鱼龙混杂的信息时代,腾出一点空间来过滤,来淡定,来总结,单纯地为自己、为孩子做一个新的"课题"。

我非常喜欢这种教育理念,也喜欢学校的多元化课程,这不仅仅是单一的学习文化知识,更多的是让孩子们从身心上得到提升,真正做到我们耳熟能详的"德、智、体、美、劳"全面发展。

老师这样说

家校共育　共创精彩

美茵校区　一(11)班　金杏芳

"好漂亮的插花!这是我这么多年来母亲节收到的第一束花!""母亲节快乐!孩子今天负责了一天的家务,说是送给我的母亲节礼物。突然觉得幸福感爆棚!""瞧瞧我收到的母亲节礼物!才发现孩子真的长大了!"看到班级群里、朋友圈里妈妈们都在晒自己的幸福,真的挺高兴,孩子们确实懂事了。

我知道,这次母亲节孩子们能有这样的表现,很大程度上要归功于上周五的家长讲堂。在这节家长讲堂上,许馨泽妈妈图文结合,声情并茂地给孩子们讲了"爱心树"的故事。孩子们听完故事沉默了,他们感受到了母爱的无私、伟大。许妈妈给每个孩子提供鲜花、花泥,带领大家亲手插一束花，送给自己亲爱的妈妈。这节家长讲堂触动了孩子们的心灵，收到了很好的效果。

"家长讲堂"这种家校共育的教学活动在我校进行三年多以来，得到了家长们的一致认可和孩子们的喜欢。如今，家长讲堂已经成为我们教育教学中常规而重要的一部分。每周五的下午，孩子们都热情期待，家长们也进行了充分的准备，早早来到学校。他们发挥各自的特长或工作优势精心设计，用心带给孩子们与平时课堂学习不一样的体验和收获。在这不一样的课堂上，孩子们深入了解了军人、医生、交警、司机等职业；在这不一样的课堂上，他们进一步学习了交通安全、食品安全、雷雨天气安全、用眼卫生等常识；每个传统节日到来之前，用心的家长们会带领孩子们了解节日习俗……各个方面，各个领域，很多是我们平时的课堂教学所拓展不到的。

家长讲堂不管在家长方面还是在孩子、老师方面都是一种互补与促进。同时，也给家长和学生创设了一个相互交流的平台，给家长和老师提供了一次增进了解、相互学习的机会。家校携手，共育精彩！我们一直在路上！

安全教育记心间

授课班级：美茵校区 一（12）班　家长姓名：刘艳　学生姓名：刘开元

家长简介：

刘艳，洛阳古城机械厂职员。

授课主题：

安全教育记心间

教学过程：

一、谈话导入

同学们生活在幸福、温暖的家庭里，受到父母和家人的关心、爱护，似乎并不存在什么危险。但是，家庭生活中仍然有许多意外事情需要倍加注意和小心对待，否则，很容易发生危险，酿成事故。下面就谈谈预防家庭火灾要注意什么。

1. 用电安全，基本的用电常识：

①认识电源总开关，学会在紧急情况下切断电源。

②不用湿手触摸电器，不用湿布擦拭电器。

③电器使用完毕后应拔掉电源插头。

④使用中发现电器有冒烟、冒火花、发出焦糊的异味等情况，应立即关掉电源开关，停止使用。

⑤雷电时，应关闭正在使用的各种电器，特别是电视机。

⑥发现有人触电时要设法及时关闭电源，或者用干燥的木棍等物将触电者与带电的电器分开，不要用手直接救人。

⑦发现有老化破皮的电线应及时向家长反映，并要求他们换掉。

⑧小心使用打火机，不让小孩玩打火机。

二、用幻灯片展示各种火灾实录，从中学习自救知识

三、介绍火灾报警须知

1. 牢记火警电话"119"，事发时可用任何一部电话拨打，无论欠费与否。

2. 火灾地址要报详细，如：XX市XX村XX路XX号，什么东西在燃烧，火势很大，请速来扑救，我的电话号码是XX。

3. 要派人到主要路口迎接消防车。

四、小结（卡纸出示）（全班齐读）

遇到火灾：临危不乱，暗记出口。扑灭小火，不乱玩火。不贪财物，蒙鼻匍匐。火已及身，切勿惊跑。跳楼有术，虽损求生。

让经历过火灾的同学具体谈谈火灾时人的心理及行为，老师帮他们指出当时的误区。

五、总结

只要我们处处小心，注意安全，掌握自救、自护的知识，锻炼自己自护、自救的能力，机智勇敢地处理各种异常的情况或危险，就能健康地成长。

家长热议

和孩子们共同进步

美茵校区　一（12）班　戴攀峰家长

4月28日下午，在北京第二实验小学洛阳分校举办了家长讲堂活动，我很荣幸能与孩子们一起交流学习，完成了主题为"认识我们校园的植物"的课堂教学活动。对父母而言，孩子永远都是一颗璀璨的明珠。生活上，父母能给孩子提供很多条件，但是对于教育，我们碰到问题时经常会手足无措。因此确实需要家长走进课堂，去了解孩子在课堂上的表现，去感受老师们为

孩子们的身心健康、全面发展所做出的努力。

通过参加家长讲堂，我主要有以下三方面的心得体会：

第一，家长要站在孩子的角度去考虑问题，学会理解孩子。家长要以身作则，在潜移默化中让孩子具备较高的情商。

第二，学会培养孩子良好的阅读习惯，引导他们观察生活，观察自然。孩子天生的好奇心和求知欲是培养孩子的源泉，将书本上的知识与现实结合起来，有助于提高孩子们对学习和阅读的兴趣。

第三，在对待孩子的成绩上，要有一颗平常心，这也是包括我在内的多数父母没有做到的。当我们用一颗平常心要求自己的孩子时，他们反倒会成为一个健康、活泼、幸福、成功的人。

总之，家长讲堂教会了我很多，使我懂得了如何具备科学的教育理念和方法。十年树木，百年树人。教育从来都不是一朝一夕就能做好的，我会一点一滴努力提高自身的心理素质，与孩子们一起进步！

老师这样说

家长讲堂有感

美茵校区 一(12)班 王亚丽

家庭是构建社会的细胞，家长又是孩子的第一位老师，学校教育要让学生全面的发展，离不开学校与家庭的密切联系和协调一致的配合。我校的家长讲堂有效促进了家校结合，一方面家长进课堂可以更好地了解学校教育，了解老师的工作，大大促进家长对老师工作的理解与认可；另一方面，我们的家长中不乏教师与专家，通过感受他们的课堂教学，我们也能学到一些新思路、新方法。

一年来，我全程参与了我们班数十位家长的家长讲堂，给我的触动很多，提笔回想，闯入脑海的第一个词语是"感动"。每一位家长都很认真地准备课件、组织课堂，用心做好与孩子的互动，给孩子们准备礼物。记得有一位妈妈给孩子们准备的家长讲堂是一个制作糖葫芦的环节，为了确保孩子们吃的东西都新鲜，且每个孩子都能参与，这位妈妈提前在群里问清楚了所有孩子对水果有无禁忌，又特地在水果行预定了当天才送达的新鲜水果，下午更是和孩子爸爸一起早早赶到学校，带着水果清洗剂和几个盆子现场反复清洗水果。这份用心让我们感动，这份耐心值得我们学习。

这一年来我们班的家长讲堂形式多样，有把化学试剂搬入课堂的高校化学老师妈妈，有用英文给我们讲解圣诞节、感恩节故事的留美博士家长，还有用心给孩子们讲述安全知识、制作爱心餐点的父母，更有给孩子们音乐启蒙的全省排名第一的琵琶教授……我们的家长真是卧虎藏龙。家长讲堂不仅给孩子们打开了一个新的世界，也让我们受益匪浅。真心期待我们的家长讲堂越来越好！

小学生安全常识教育讲堂

授课班级：美茵校区　一（13）班　家长姓名：申华　学生姓名：段易辰

―※―

家长简介：

申华，建筑工程师，山川间、河流上的架桥使者，城市地下交通的建设者。

授课主题：

小学生安全常识教育讲堂

教学过程：

一、交通安全

目的：使同学们认识到交通安全的重要性，学会自我保护。

形式：播放PPT、音频文件和讲解。

1. 播放音频《交通安全常识》。

2. 展示交通安全标志牌：

通过讲解使同学们记住这些交通标志，在生活中能遵守交通规则，保护自己。

3. 过马路的注意事项：

展示四幅漫画，告诉同学们不能横穿车行道，不能在车辆临近时突然横穿；小朋友过马路必须有成年人的带领；不能翻越护栏；不能在马路上嬉戏打闹。

二、食品安全

目的：使同学们认识到食品安全的重要性，养成良好的饮食习惯。

形式：播放PPT和讲解。

1. 讲解饮食卫生习惯，使同学们养成良好的饮食习惯。

2. 领读饮食格言，使同学们记住饮食中需要注意的事项。

3. 教同学们读饮食安全儿歌。

三、居家安全

目的：使同学们注意在家的安全，保护好自己。

形式：播放PPT和讲解。

1. 提问同学们在家时应该注意什么。对同学们的回答做出总结，回答对的给予相应的奖励。

2. 通过漫画展示同学们在家容易犯的错误，使同学们认识到做这些事情的危险性，更好地保护自己。

3. 夏天到了，提醒同学们不要靠近水深的地方玩耍，更不要在河里面游泳。

四、总结

交通运输是现代生活中必不可少的组成部分，为现代人的生活提供了极大的方便。同时由于一些人忽视交通法规，给很多家庭带来了不幸。我们应该遵守交通法规，注意交通安全，发挥交通运输积极的方面，克服不利的因素，让它更好地为我们服务。食品是我们日常生活中必需的东西，只有时刻注意食品安全，才能更好地健康成长。学校安全人人讲，安全学校个个赞。安全知识时时记，注意安全处处提。愿同学们乘上安全之舟，扬起生命之帆，在知识的海洋里乘风破浪。

学生新知

兴趣，最好的礼物

美茵校区　一(13)班　张书畅

进入一年级后，每个星期五下午都有家长讲堂。从汉语到日语，从历史到地理，从手工到艺术，从科学到生活……每一节课，我都收获满满。

古语说："以古为镜，可以知兴替。"在家长讲堂上，我们了解了洛阳的历史。但是曾经的辉煌不代表将来，我们要努力学习科学文化知识，为了洛阳的明天而努力奋斗。穿过历史的长河，家长讲堂带我们来到了现代军营。那一身身绿军装，那熠熠生辉的军人肩章令我羡慕不已，我渴望有一天也能穿上那庄严的军装，成为真正的男子汉。

一位白发苍苍的老奶奶在家长讲堂上给我们带来了一节关于汉字书写的课程。以前记不住的汉字，通过奶奶的讲述，也变得可爱起来。原来中国的汉字都是劳动人民的智慧，好些字都是实物演变出来的呢！还有一位叔叔教我们说日语，日语中的有些字好像汉字的部首偏旁，它是从汉字中变化出来的！

其实，我最感兴趣的还是自然科学知识，每次的科学讲堂，我都被深深吸引住。比如水母的种类、计算机的组成、电的来源、干冰的形成。在这个世界中，我知道了原来我们生活的地球是那么的多姿多彩，每一个物种都是地球给我们的礼物，每一次科技创新都是人类用辛勤的劳动创造的。

我喜欢家长讲堂，我也希望爸爸妈妈能多多参与家长讲堂。妈妈曾经说过："你有一个思想，我有一个思想，我们交换之后就各有两种思想。"我希望能学到课本以外的更多知识，让我茁壮成长！

◆ 家长热议

用心陪伴　用爱护航

美茵校区　一（13）班　庞雨琪家长

我作为一名学生家长，每天都能看着孩子背起书包快乐地走进学校的大门，看着孩子放学回来记单词、学语文、做数学题……时光飞逝，孩子已经迈入了人生学习的第一个转折点。如何让他尽快适应生活、愉快地学习？正当我茫然失措、无从下手之际，北京第二实验小学洛阳分校开展了家长讲堂活动。通过活动，我茅塞顿开，从而能更客观、更科学地教育学生与自己的孩子。

通过几次家长讲堂，我深深体会到学校对孩子教育的重视，也更深地懂得了家庭教育是一切教育的基础。今后，我应当着重抓好如下几方面的教育。

一、要注重言传身教。父母教育孩子的过程，应当是父母与孩子共同学习、一起成长的过程。要树立终身学习的理念，"终身学习做父母"，要做一个不断学习的人。平时要注重自己的一言一行，作为孩子的第一任老师，一定要以身作则。

二、要注重学习习惯的养成。在几次给同学们上课的过程中，我深深体会到了学习习惯养成的重要性，一个好习惯的养成要比学习本身更重要。因此，在孩子的初步阶段，要加倍重视。

三、要注重平时沟通，建立良好的亲子关系。平时要多和孩子聊天，关注孩子生活中的细节，进行随机教育。"说教式"的谈话方式效果往往一般，要通过讲故事、谈看法，在潜移默化中影响孩子。在孩子的学习上，更多关注平时的学习情况，淡化分数，因人而异，绝不攀比，多讨论、多沟通、多交流，要做孩子的朋友和伙伴。

四、要注重孩子的身心健康。在抓好学习的同时，千万不要忽视孩子的身心健康。孩子正是长身体时期，一定要让孩子每天吃好早餐，营养全面；每天要让孩子快乐地去上学，要让他喜欢学校、喜欢老师、喜欢同学，积极参与班集体活动，融入团队。

每个孩子的成长都倾注了父母的心血，每个父母都希望自己的孩子有一个很好的未来。衷心感谢学校的精心组织和老师们的教育指导！希望学校能继续提供家长教育的机会，相信我们的孩子在家庭、学校的共同努力下，一定会健康、快乐地成长！

老师这样说

齐心协力　共育精彩

美茵校区　一（13）班　谷亚利

纵观我们班的家长讲堂，家长们没有刻意追求语言的华丽、课件的精美，更没有摆那些好看而不实用的花架子。家长们完全是站在孩子们的兴趣爱好的角度去考虑的，他们深入孩子们的内心，直面孩子们的需求。呈现在孩子们、老师们面前的是真实的、不加粉饰的、实用的、有趣的、用心的课堂。没有浮躁的、形式上的东西，让学生和老师感觉自然、亲切、可学度高。家长讲堂真是一块让家长了解、亲近、深入孩子精神空间的良田。

家长讲堂是学校为家长提供的与孩子零距离接触与沟通的机会，给家长一个展示自己的机会，让家长亲近、了解孩子的学校、课堂生活，知道如何与孩子沟通，用什么样的方法和语言才能激发孩子的兴趣；让家长知道自己的孩子是最棒的，只有与他们沟通，深入他们的内心，成为他们的朋友和榜样，才能让孩子理解父母。

"春蚕到死丝方尽，蜡炬成灰泪始干。"学校开展这项具有深远意义的家长讲堂活动，家长们也深刻感受到了老师的辛苦。每个孩子的成长都倾注了父母的心血，每个父母都希望自己的孩子有一个很好的未来。相信孩子们在家庭、学校的共同努力下，一定会健康、快乐地成长！以爱育爱，爱育精彩！

铁路交通安全教育

授课班级：美茵校区 一（14）班　家长姓名：陈铁燕　学生姓名：吴则萱

家长简介：

陈铁燕，郑州铁路局洛阳供电段经济师。

授课主题：

铁路交通安全教育

教学过程：

一、从交通工具的种类，引入火车的概念

1. 同学们都知道哪些交通工具？你都乘坐过哪些交通工具？

答：飞机、汽车、火车、摩托车、三轮车。

2. 以上这些交通工具中，哪一个是运力又大，跑得又快，价格又便宜的呢？

答：火车。

二、火车的发展

1. 最早的蒸汽机车。

2. 内燃机车比蒸汽机车进步了很多。

3. 电力机车，这是铁路的一大进步。

4. "高铁"，其实它的名字叫"动车组列车"，它的速度能达到每小时350公里，几乎是飞机起飞的速度了。

三、认识火车票

火车票上记录的信息：车次、时间、到站、票价、旅客信息。

四、乘车安全知识

1. 在车站候车时，要站在站台的安全线外，切不可越线，更不可跳下站台。

2. 要有秩序，不要争抢拥挤，要防止车门夹身。不能从车窗出入。严禁携带烟花爆竹等易燃易爆危险品上车。

3. 在车上要将行李平稳、牢靠地放在行李架上，以免掉下伤人。列车行驶中，不要将身体任何部位伸出车外，不要在车厢内随意走动、打闹。

五、铁路安全常识

1. 不要在铁轨上行走、坐卧或玩耍，不要在铁路两边放牧。

2. 不要扒停在铁轨上的列车，不要在车下钻来钻去。

3. 不要在铁轨上摆放石块、木块等物品。

4. 不可擅动扳道、信号灯等设施，不可拧动铁轨上的螺丝。

5. 不得翻越护栏横穿铁路。

6. 铁路桥梁和铁路隧道禁止行人通行。

7. 车辆不能从没有道口或其他平面交叉设施的铁路道轨上穿行。

8. 铁路设施有电严禁攀爬，不能在铁路附近放风筝。

六、教学互动

展示PPT，让学生们通过漫画自己找出图中的安全隐患。

七、小结

铁路就像一个非常精密的仪器，需要许许多多的铁路工人去保养维护。希望我们每一名同学都能遵守铁路安全规定，文明乘车，做文明乘客！

学生新知

爸爸太棒了

美茵校区 一（14）班 郑晨曦

我叫郑晨曦，是一名小学一年级的学生。在近一年的学习过程中，我爸爸参加了家长讲堂。刚开学的时候，看到其他同学的爸爸妈妈站在讲台上给我们讲知识，分享快乐，我羡慕极了，非常希望自己的爸爸妈妈也能够站在讲台上。回家后，我兴奋地给爸爸妈妈说其他家长讲的内容。后来爸爸就积极报名参加了家长讲堂，我感到非常兴奋。爸爸认真准备。课后爸爸给我说第一次站在讲台上，他非常紧张，但是看到我们认真的表情，他鼓足勇气讲完了课。爸爸的积极参与让我变得更加自信。

感谢学校，感谢老师，让爸爸走上讲台，我为爸爸感到骄傲、自豪。

家长热议

用心和孩子沟通

美茵校区 一（14）班 赵琛爸爸

本学期，我有幸获得一次北京第二实验小学洛阳分校一年级（14）班的家长进课堂的机会。作为一名大学老师，习惯了给大学生讲课，想象着即将面对一群活泼可爱的小孩子，不知道自己能不能对付这群淘气包，心里难免惴惴不安。在期盼与不安中，我迎来了家长讲堂的日子。

考虑到一年级孩子应该对日常的自然现象比较好奇，我选择进行一次地理知识的讲解，内容是地球的自转和公转，主要用来解释为什么太阳会东升西落，为什么会有白天和黑夜，为什么一年会有四季的变换等。当我带着地球仪和手电筒等教学仪器步入教室时，刚好是下课期间，一群活泼可爱的孩子立刻把我围起来。有的孩子问:"你是谁的爸爸?"有的孩子问:"你是做什么工作的?"有的孩子边拨弄地球仪边说:"我知道中国在哪里,还知道美国在哪里。"一双双明亮的小眼睛看着我,叽叽喳喳地说个不停。几分钟后,上课铃声响起。走上讲台,我的心情是激动而略有些紧张的,但孩子们渴望学习知识的心情与对问题分析的感知能力更加让我惊讶。我用和学生互动的方式来讲解,希望同学们能积极参与进来。课堂上,孩子们的表现非常好,争先恐后地回答我提出的每一个问题,没有一个孩子走神、交头接耳。在那一双双眼睛里我看到了孩子们对知识的渴望,望着那一双双明亮纯净的眼睛,我越讲越高兴,越讲越流畅。短短的20分钟很快就结束了,其中快乐和美好的感受长留在我的心中。

认识"110""120""119"

授课班级：美茵校区 二（9）班　家长姓名：李婧　学生姓名：陈牧歌

家长简介：

李婧，洛阳市公安局警令部指挥中心民警。

授课主题：

认识"110""120""119"

教学过程：

一、故事举例，引入课题

1. 小明下楼玩耍的时候，看到邻居王奶奶晕倒在楼梯上。父母和周围的邻居都不在家，找不来人帮忙，所以他赶紧回家拿电话拨打了"120"急救电话。

2. 小刚跟爸爸妈妈逛商场，走到人多的一处，突然发现有个小偷正在偷一个阿姨的钱包。小刚悄悄地告诉了爸爸，爸爸稍微走开了一点，马上拿手机拨打了"110"。

3. 小红和妈妈在公园玩耍时看到草丛不知道被谁点着了，火越烧越旺。妈妈赶紧拿出手机拨打"119"，并让小红远离着火的草丛。

二、难点讲解

打这三个救命电话，首先要知道四要素：时间，地点，人物，所发生的事情。只有快速正确地说出事情，才能及时获救。

三、分组实验，交流心得

学生们分组实验，模拟操作。小组之间进行交流，分别扮演需要救助的人员。

四、拓展知识点

在实际生活中寻找发现需要及时拨打这三个电话的事情。

儿童安全教育——耳鼻喉

授课班级：美茵校区　二（10）班　家长姓名：周延辉　学生姓名：周哲铭

家长简介：

周延辉，河南科技大学第一附属医院医生。

授课主题：

儿童安全教育——耳鼻喉

教学过程：

一、鼻出血的原因及救助方法

1．原因：

①目前常见的原因是过敏性鼻炎引起鼻痒，小儿常用手挖鼻子，加之过敏的鼻黏膜血管脆弱，极易出血。

②感冒、高热、上火引起鼻黏膜充血，血管易破裂出血。

③挑食，饮食单调，维生素C、维生素K、维生素P及钙缺乏也可伴有鼻出血。

2．救助办法：

家长对正在鼻出血的小儿，可以因地制宜地采取一些简单可行的止血方法。患儿的头应稍向前面低一些，这样对血液凝固有帮助。千万不要头向后仰，因为血会从鼻内经口咽部进入胃内，对估计血量有困难，且不易止血。同时可用浸有冷水的毛巾敷在头部、颈部或鼻根部，以减少出血。还可以用清洁的药棉塞入鼻内，并用双手捏紧鼻孔两侧。有条件的话，也可以用沾有外用止血粉或肾上腺素的棉花或纱布条填塞在鼻孔内。一般经过以上处理，鼻出血可停止或减少。若出血仍较多，应送医院诊治。

二、气管、食管异物的认识及危害

呼吸道异物是最常见的儿童意外伤害之一,也是一种完全可以预防的疾病,应加强宣传教育,提高人们对此疾病危险性的认识,了解预防知识。

①避免给3~5岁以下小儿吃整个的花生、瓜子、豆类食物,不让小儿玩能放入口、鼻内的小玩具。

②进食时不要嬉笑、哭闹、打骂,以免深吸气时将异物误吸入气管。

③教育儿童不要口含物玩耍,如有发现,应婉言劝说,使其吐出,不能用手指强行掏取,以免引起哭闹吸入气管。

取出异物是唯一的治疗方法。因此应及时诊断,尽早行异物取出术,以防止窒息及其他并发症的发生。

小学生食品安全知识

授课班级：凝碧校区　二（4）班　家长姓名：陈雷　学生姓名：陈昊铭

家长简介：

陈雷，洛龙区第三实验小学教师。

授课主题：

小学生食品安全知识

教学过程：

一、把准备好的"三无食品"和"垃圾食品"一一摆到讲台上，吸引孩子们的注意力；

二、提问孩子们什么是食品和食品安全，并予以解答；

三、由讲台上的食物引出"垃圾食品"的问题，并提问孩子们"垃圾食品"的种类，最后根据孩子们的回答总结出"十大垃圾食品"和其危害性；

四、针对孩子们平时经常购买校园周围路边摊食品的问题，通过食物展示的方式，揭示路边摊脏、乱、差的卫生状况，告诉孩子们病从口入；

五、进入讲座的第二个内容，培养良好的食品安全习惯；

六、实际示范正确的洗手方式，并带领孩子一起做几遍；

七、介绍合格、健康食品的标志；

八、介绍挑选合格食品的四种必备方法和注意事项；

九、通过实物和图片详细介绍食品标签的内容；

十、复习"十大垃圾食品"的种类，建议孩子们养成科学、均衡的饮食习惯，多吃健康食品，不吃"垃圾食品"。

> 家长热议

家校联手，给孩子不一样的体验

凝碧校区 二（4）班 李奕轩妈妈

这是我第一次参加家长讲堂的活动，很荣幸也很紧张。由于是临时替班，且一节课有40分钟，对我来说更是一项艰巨的任务。我提前在家做了"命题作文"，最后课题选定为"财商教育、理财教育"。

课题选定后，我积极备课，搜集资料，选择图片，配上一些简短的、通俗易懂的文字，精心制作PPT。

我在约定的时间来到了学校，老师简短地交代几句后就离开了教室。我在紧张和不知所措中走上了讲台，做了自我介绍后，开始了此次课堂教学。

首先，我用几张通俗易懂的图片，让孩子们了解钱币的种类和发展史。通过提问几个同学，了解到这个年龄段的同学对理财的认识和接触，其实还是蛮出乎意料的。虽然是小学低年级的同学，但是大部分同学还是对理财、零用钱的支配、金钱的理性消费、零花钱与压岁钱的积少成多，都有一定的认知。所以在课堂上我们互动得非常好，同学们积极性也很高，有很多同学举手表达自己的看法。因为课堂时间有限，班里有50多个同学，并不是所有的同学都参与了回答环节，但大家还是很积极、很愉快的。

因为是周五下午，考虑到孩子们会饿，我还特意带了一个大大的蛋糕（确保每个小朋友都能分享到）。我安排几个稳重的同学作为小组长，和我一起把蛋糕分享给大家，同时邀请老师也来加入我们。这次家长讲堂就在大家的欢笑声中圆满结束了。

通过参与这次的活动，我对班集体有了更深一步的认识，对我们的孩子也有了更进一步的了解。我真切地看到了他们的学习和成长环境，了解了学生们，以及他们的单纯、积极、进取、聪颖。通过这短短的40分钟，我亲身体会了老师的辛苦。这次活动也让我明白了学校组织这样活动的良苦用心，让孩子多接触一点课外知识，同时让我们家长也能融入班集体里，和我们的老师一起陪伴孩子成长！

老师这样说

家长请进来，给孩子再开一扇学习之窗
凝碧校区　二（4）班　曹园园

社会飞速发展的今天，对教育的要求也越来越高，我们的孩子需要接触多元化的教育渠道，了解更丰富的信息，从多个角度更全面地发展自己，认识社会。学校秉承"爱育精彩"的教育理念，通过组织丰富多彩的活动，开展孩子们兴味盎然的校本课程，让孩子们的学习方式更加丰富多元，学习的内容也从单一的课本知识延伸到更广阔的世界。家长讲堂就是我们长期坚持的一项活动，把家长请进课堂，把课堂外的知识带进课堂，既让孩子们开阔了眼界，锻炼了技能，又带给孩子们不一样的体验。

每周五的下午第二节，都是孩子们特别期待的时刻。无论轮到哪位家长，他们都会克服各种困难如约而至，甚至在外地的家长也会辗转几个小时回来准时赴约，让人感动不已。他们从最初走上讲台的紧张到现在游刃有余地侃侃而谈，从最初面对孩子们时的不知所措到现在用鼓励和一些小奖品来有效地组织课堂，从为上课内容发愁让老师支招到现在收集资料、精心备课、自信高效，准备的内容也常常让我们惊喜连连……家长讲堂越来越规范，越来越成熟，越来越受到孩子们的喜欢！

每次上家长讲堂孩子们都有不同的体验。端午节把糯米、大枣、花生等带进课堂，不仅让孩子们明白端午节的来历和风俗，还现场体验包粽子；茶艺进课堂，让孩子们感受我国悠久的茶文化；感恩教育，让孩子们懂得心

存感恩，怀着一颗感恩的心对待身边的每一个亲人和朋友；认识"生命之泉——水"，让孩子们懂得节约用水的重要，并掌握生活中一些节约用水的好方法……家长讲堂让孩子们走进了更加广阔的天地，接触到更加多元的信息，为孩子们打开了另一扇学习之窗！

校园安全

授课班级：凝碧校区　二(6)班　家长姓名：李春敏　学生姓名：焦紫涵

家长简介：

李春敏，全职妈妈。

授课主题：

校园安全

教学过程：

一、导入

安全对于我们来说非常重要，在校园里也要时刻注意安全。

二、发生在校园里的事故

1. 高空抛物，砸到同学。

2. 在教学区打闹，撞倒了同学。

3. 攀爬护栏，摔到楼下。

三、学生谈发生在校园里的事故

讨论在校园里我们应当注意哪些方面的安全。

1. 上、下楼梯应当注意哪些安全？为什么？应当如何做？

上、下楼梯靠右边走；下楼时用手扶着楼梯扶手下楼；不许向楼梯外探身，更不许打滑梯；上、下楼梯不许跑，不许拥挤抢先；不许在楼梯上打闹、疯跑、做游戏、做体育活动；放学时，排队下楼，不许拥挤，不许在楼道上系鞋带、滞留等。

2. 在走廊里应注意哪些安全？为什么？应如何做？

轻声慢步，不跑不叫；不追逐打闹；不做游戏；不攀爬护栏；不向楼下吐痰、丢东西。

3. 在教室里应当注意哪些安全呢？为什么？应如何做？

轻声慢步，不跑不叫；不乱攀爬桌凳；不点燃垃圾，不玩火；不乱摸电器及电器开关；发现电器、电线、开关插座等有损坏及时报告，不乱动。

4. 在校园里应当注意哪些安全？为什么？应如何做？

不疯跑大叫；不到操场玩树枝、木棍、砖块等；不攀爬车棚、围墙；不在国旗台上及其周围玩耍；不做危险游戏（哪些是危险游戏呢）；参加升旗仪式、文艺演出、做操等大型集体活动时，要遵守纪律、听从指挥，按要求集合、行动、疏散、撤离；不携带、不玩易燃易爆物品和管制刀具。

学生新知

我最喜欢的家长讲堂课

凝碧校区 二（6）班 袁艺丹

今天下午我的心情无比激动，因为下午我的妈妈要来给我们上家长讲堂课了，我非常期待妈妈的到来。

上课铃响了，只见妈妈缓缓地走进教室，然后拿出一个U盘插到电脑上，她要给我们讲一个科普小知识——风从哪里来。妈妈讲得声情并茂，不仅有幻灯片，还带来了我们的好朋友蓝猫一起教我们知识。让我们学会了风的等级歌谣，认识了龙卷风、沙尘暴和台风给人们带来的灾难，让我们知道了只有爱护自然、爱护环境才能保护我们的家园。同学们个个都瞪大了眼睛，聚精会神地听讲，课堂气氛非常好。我开心极了，在心里给妈妈一个大大的赞。

家长热议

家长讲堂有感

凝碧校区 二（6）班 姚苏洋家长

我是姚苏洋的家长。很荣幸参加了学校开展的家长讲堂这个活动。通过这个活动，作为一名学生家长，我的感悟颇多。下面我就自己的一些想法和感悟与大家分享，希望能通过这些感悟使我们的教育更加完善和精彩！

第一次接到孩子班主任的通知，让我参加家长讲堂这个活动，对于我这个迈出象牙塔已经快20年的家长来说，内心不由得产生了一些紧张和慌乱。虽然只是给孩子们讲一堂20分钟左右的课，而且题材不限，但是身份的转变和面对那么多孩子，又本着要对孩子们负责的态度，我突然觉得这是一件很艰巨却一定要尽力办好的事，不容推脱！既然是一堂课，课堂的内容该选什么好呢？既要浅显易懂，又要贴近生活，还要能引起孩子们听讲的兴趣。经过反复思考，我选定了"安全"这个题材。对于孩子们来说，安全更是重中之重。选定题材就要准备内容了。我想到了夏天的到来，想到了校园周边的环境，想到了自己做学生时发生在自己身边的事例，我感觉防止溺水这个内容应该可以。通过查资料，和身边的朋友们讨论，花了很长的时间才把内容准备了个大概。考虑到面对的都是小孩子，如果没有趣味性，单纯地讲理论和道理引不起他们的兴趣，我绞尽脑汁，想出了一些和落水有关的游戏。这样让孩子们参加进来，不但能做游戏，而且还能让他们在游戏中体会到安全的重要性和溺水的可怕。比如，一旦溺水就会无法呼吸，可以让孩子们做闭气的游戏；一旦溺水，眼睛就会看不到东西，近在身边的东西也无法抓牢，可以让孩子们蒙上眼睛去抓身边的东西。这样不但可以让孩子们参与游戏，更能让他们通过这些游戏去了解溺水的可怕和安全的重要。经过自己的准备，我终于怀着忐忑的心情站到了家长讲堂的讲台上！

　　站在讲台上，望着孩子们稚嫩、天真、求知的眼神，我的内心产生了慌乱，生怕自己讲不好耽误了孩子们。讲课的时候孩子们听得很认真，做游戏的时候孩子们也很积极，这让我收获了前所未有的幸福感和满足感。课后我给孩子们准备了一些小本子，有画画本和生字本两种，孩子们有的想要这个，有的想要那个，结果还没等我发完，教室里就乱作一团。这让我惊慌失措，幸亏老师在边上帮我平息了孩子们的情绪。我是真真切切地体会到了老师们的辛苦和不易！试想我们只是给孩子讲一堂课就难为成这样，可是老师每天都要面对他们，每天都要讲不止一堂两堂的课；我们连孩子们的情绪都无法去掌控，可是老师却必须要让他们安安静静地听讲。我更加佩服老师们的能力，老师们的付出不知道比我们要多多少倍！

爱育精彩，家校共享

凝碧校区　二（6）班　赵淼爸爸

　　今天是星期五，孩子班级的家长讲堂轮到我出场了。早在半月前，孩子就告诉我："爸爸，下次家长讲堂该你了，一定要参加啊！"看着孩子渴望的眼神和认真的样子，我愉快地答应了。结合自己的工作特点，我给孩子们讲了一堂"防拐骗"安全常识。短暂的几十分钟使我感悟颇多，深深体会到对孩子的教育必须是：积极配合，重在参与，家校互补，共同进步。

　　家长讲堂的模式使得家长有机会走上讲台，客串一把老师角色，不但增进了家长跟老师的感情，而且能面对面同孩子互动，观察、体会、了解孩子们的内心世界，从而更好地配合老师工作。这一点，只有当你站在讲台上那一刻才会被触动。上课前，收集资料、编写提纲、制作PPT等一系列准备，对自己也是一次学习提高的过程。课堂上，一双双高举的小手踊跃发言，一双双求知若渴的眼睛充满好奇，课本以外的知识使他们既新奇又兴奋。置身其中，家长也忽略了自己的身份和年龄。不仅历练了家长，而且在亲情互动中与孩子一起学习，共同进步。

家长讲堂让家长换位思考并体验了当老师的感觉，时间虽短，却难以忘怀。感触最多的是深切体会到老师工作的神圣与艰辛，还有学校对教书育人理念的探索创新。小小讲台，老师们呕心沥血播洒知识，成就的是别人，奉献的是自己！一支粉笔日复一日，画出的是彩虹，挥去的是泪滴！作为凝碧的一员，我感到无比地自豪！

在这里，真诚地向老师道一声：辛苦了！向你们致敬！

玩转手工

做灯笼

授课班级：美茵校区　一（3）班　家长姓名：许瑞娟　学生姓名：吴朋航

家长简介：

许瑞娟，瀍河回族区教育局少先队总辅导员。

授课主题：

做灯笼

教学过程：

一、教学导入

通过"猜猜看"让学生猜谜语，调动学生学习的兴趣，导入新课。

一个南瓜两头儿空，肚里开花放光明。

有瓜没叶儿高高挂，照得面前一片红。

和学生交流后，出示谜底——灯笼（图片展示）。引导学生观察灯笼，掌握灯笼的特点，为后面制作做好铺垫。

二、讲授新课

1. 出示课题——做灯笼。

2. 让学生看各色灯笼作品图片，猜猜做这些手工灯笼有什么用处。

3. 出示手工灯笼美化环境的图片，使学生知道它的用途。

4. 我这还有个关于春节挂灯笼的传说（借机组织教学，转入对学生传统民俗文化的教育）。配合课件讲故事。

5. 现在城市里的人们都住进了楼房，过年很少挂灯笼，但到农村，还是会见到有些人家的屋檐下挂着大红灯笼。有灯就意味着光明，象征着和谐美好，取吉

祥喜庆之意。（配图）

6. 我们现在对灯笼了解了这么多，那灯笼究竟该怎么做呢?

引导学生观察灯笼折纸范例，交流分析制作方法，（出示课件）总结并示范制作步骤：

①把一张彩纸对折。

②在折好的彩纸折痕下端画上均匀的竖线。

（为了避免学生沿竖线把彩纸剪断，可在中心折痕对面两边再平行折手指宽的一条分界线，便于学生能够在折痕范围内均匀分布竖线并不剪断。）

③沿着画好的竖线小心剪好。

④把灯体的两端粘贴起来。

⑤最后装上提手。

（为了美观，提醒学生在灯体内侧粘贴。）

7. 学生尝试制作灯笼，重点巡回指导学生在折痕范围内画上均匀分布垂直线条并不剪断这一步骤，鼓励做得快的同学帮助同伴一起完成。

8. 总结延伸：

①展示优秀作品，同时指出学生制作中出现的问题。

②学生做好手提的灯笼，相互欣赏并适时介绍自己制作的灯笼。放学将灯笼带回家，和家人一起欣赏。用灯笼装饰家或教室。

◆ 学生新知 ◆

巧手做灯笼

美茵校区　一（3）班　戚思远

今天下午的家长讲堂可有趣啦，吴朋航妈妈教会了我们制作灯笼。刚上课，阿姨就让我们看了各种各样的小灯笼，我们开心极了。接下来，阿姨就给我们讲解了制作灯笼的步骤：第一步画线，第二步沿线折叠，第三步剪纸，第四步对折，第五步粘贴，第六步穿绳。我们按照阿姨的讲解，一步一步跟着做，最后每个人都制作成功了。看着自己亲手制作的灯笼，我们高兴极了。

家长热议

家长讲堂——让我和孩子一同成长

美茵校区　一（3）班　李遥飞妈妈

还记得去年，我终于升级为一名小学生家长了，带着几分向往和期待，我参加了学校的新生家长会。张校长讲了很多学校的特色教育和教学理念，当时我就牢牢记住了家长讲堂这个将伴随孩子小学六年的特色教育。我很好奇，也很紧张，好奇的是家长讲堂到底是什么样的一种形式，紧张的是自己将在六年里数次走上家长讲堂。

一年级的上半学期，由于工作的繁忙和自己的胆怯，我没有勇气走上家长讲堂，但是心里时时在思考着我第一次家长讲堂的课题。很早我就想好了要去给孩子们讲一讲十二生肖。我本人比较喜欢中国传统的文化，也希望这些传统能够代代相传。

此时，孩子从刚入学的无章，渐渐变得有序。每个周五，他都会兴高采烈地给我讲："妈妈，××的家长来给我们讲课了！我好喜欢周五的家长讲堂啊！"从孩子的一次次讲述中，我知道有的家长带着他们上了篮球课，有的家长给他们讲了如何爱护牙齿，有的家长带着他们做了科学小实验，有的家长给他们讲了安全小常识……我钦佩这些家长的勇敢。而这时，孩子开始期待地问我什么时候也去家长讲堂，看我每次犹豫着，小小的他竟然像个小大人似的安慰我，还把他在幼儿园学到的小魔术教给我，让我去给他们班的同学们变魔术，还给我讲应该注意的事项。看着孩子一次次期待的眼神，我惶恐地报名了一（3）班的家长讲堂。

2017年3月的一个周五，我早早来到一（3）班门口，紧张得手心里都是汗。周老师和刘老师过来安慰我"别紧张"，让我稳定了许多。我走上讲台，儿子也落落大方地上台为同学们做介绍。原来哪个家长来讲课，他的孩子就可以上台主持，并维持整个课堂秩序。看到孩子的大方主持，我相信任何一个家长都会增添无穷的力量。我打开PPT，从十二生肖的排序、十二生肖的传说，以及孩子们的属相逐一讲起。面对56双稚嫩的眼睛，很多准备好的台词我还是紧张得忘记了讲。孩子们对十二生肖的了解和掌握程度是我所没有料到的，看到他们对中国传统文化的认知，我真切看到了祖国的希望。孩子们的发言十分踊跃，常常是一个话题便引起了整个教室的议论声，令我手足无措。短短30分钟下来，我竟然汗湿了衣裳，而且口干舌燥。我深深地感受到一年级老师的不易。在班级人数多、孩子年龄小、规则意识差的背景下要提高成绩，培养学生素质，日复一日，这过程的艰辛难以想象。

参与家长讲堂的过程中，我个人的收获也很大。近距离接触了一（3）班56个孩子，我被孩子们天真无邪、阳光积极的态度所感染，我更为我的儿子所感动，平时多动的他，整堂课都坐得端端正正，并不时维持着纪律，小小的脸上满是自豪。在我的讲课结束之后，儿子的总结发言更是让我感动，他没有草稿，总结的排比句竟是那么流畅："今天，我妈妈来家长讲堂，我激动得都要跳起来了；昨天晚上我知道妈妈今天要来，我激动得都要跳起来了；我妈妈今天讲得非常好，我激动得都要跳起来了……"我没有想到，家长讲堂的魅力对孩子的影响如此之大。我很惭愧自己没有主动早点儿来到家长讲堂，而是在孩子一次次的鼓励之下才走上这个讲台，孩子还以我为荣，对我没有丝毫不满意。这让我对今后如何教育孩子有了一定的思路。非常感谢学校和老师，他们为班级建立了这样好的一个平台，老师将家长扶上讲台，参与见证孩子的成长，家校联合，共育精彩。这样的家校沟通，有创意，有爱心，有寓意。

> **老师这样说**

家长讲堂让家校携手共成长

美茵校区 一（3）班 周婷婷

家长讲堂已经开展一年了，在组织这项活动中处处可以感受到家长的用心以及家长对于学校工作的支持与配合，更重要的是看到了 56 个孩子对了解未知世界的渴望。家校沟通就像一座桥梁，将学生、家长与学校三者紧密地联系在一起。

家长讲堂为孩子打开了一扇窗，透过这扇窗，孩子们了解到了大千世界的林林总总。这要得益于家长们的精心准备，每一位家长站在讲台上都呈现了不同的内容，有的讲安全教育，有的做科学实验，有的给孩子们讲故事，有的带孩子们做游戏增强班级凝聚力……这些丰富的活动让孩子们在一次次的体验中深深地爱上了每周五下午的家长讲堂，因为对他们来说这节课是最新奇、最有趣的。

家长讲堂为家长打开了一道门。很多家长会问老师孩子在学校的情况怎么样。既然如此，那么就诚挚地欢迎家长们来一次家长讲堂，近距离感受一下孩子在学校的表现。有很多家长在做过家长讲堂之后都表示孩子在校的表现让他们惊讶。家里的小公主、小皇帝在课堂上坐得端端正正，眼睛里面闪烁着智慧的光芒，更比在家里乐于分享……这一切的表现都是孩子在家里未曾有过的，所以家长讲堂这道门为家长了解孩子的优点、发现孩子的不同做出了很大的贡献。

家长讲堂也为老师了解孩子提供了良好的契机。以往的课堂教师作为参与者与孩子沟通交流，但家长讲堂的设置让老师可以有更多的机会作为一个旁观者去了解孩子的想法、反思自己的课堂教学模式。在家长讲堂上，孩子们总会有一些让人出乎意料的答案和问题，这让老师重新认识了孩子们的认知水平。孩子们的兴趣总是十分高涨，听得兴致勃勃，这让老师审视、反思自己的教学是否过于枯燥。孩子们在家长讲堂上的规则意识更让老师及时发现班级管理的亮点和疏漏。以旁观者的角度，才发现课堂上对学生的了解太少，我们需要做的还有很多！

手绢折老鼠

授课班级：美茵校区　二（2）班　家长姓名：张广英　学生姓名：王雪萌

家长简介：

张广英，《洛阳晚报》记者，喜欢历史，关注环保。

授课主题：

手绢折老鼠

教学过程：

一、学习折老鼠

1. 将手绢斜向对折成一个三角形，将底边的左侧向内平折，右侧也向内平折。

2. 将下端向上连续卷几次，再翻转到背面，将左边向内平折四分之一，右边也向内平折四分之一。

3. 将底部向上对折，并将上面剩余的部分塞到下面折叠出的缝隙中，往里塞的同时下层一直向上翻卷，直到看见底部有分离的部分露出来。

4. 拉出下面分离的部分，就是手绢的两端，将其中一端伸展形成三角，向下对折再打结，就成了老鼠的头部，打的结就是两只耳朵。

5. 整个老鼠的造型出来后，将它的头部和身子轻握在一只手中，另一只手捏住尾巴向前推，就像小老鼠猛然窜出来的样子，孩子们会感到更有趣。

二、教学总结

整体来看，孩子们对用手绢折老鼠很感兴趣，一多半孩子都顺利完成了自己的作品，还有一部分孩子在老师的帮助下，也学会了这个小游戏。

学生新知

家长讲堂，开阔视野的摇篮

美茵校区　二（2）班　李颂扬

周五的家长讲堂是我每周非常喜欢、非常期待的一堂课，入学后的第一次家长讲堂我就非常兴奋地为我爸爸报了名。记得爸爸要来上课的那天，在学校午餐过后，我就在想爸爸今天会带来什么精彩的内容呢。

心中的期待陪伴了我一个中午，终于等到下午的上课铃声响起，我第一个在座位上坐好，同学们也都快步走进教室坐下。

教室的门开了，一个英武的人民警察出现在眼前——是爸爸，他今天穿了一身笔挺的警服，记忆中的爸爸很少穿警服。他曾经告诉我，因为人民警察的职责分工不同，交警、特警和派出所民警等人民警察要穿警服上班，但刑警等需要穿便装。我心里很想看到爸爸穿警服的样子，同学们看到一个人民警察出现在教室里都兴奋起来，我也不由自主地挺直了腰杆儿。

爸爸为我们讲的课题是"校园安全"，他向同学们讲解了如何注意自身安全，遇到危险情况要及时告诉老师和家长。同时，他还给同学们送来了一份礼物"校园安全棋"，让同学们在娱乐中掌握安全防范的知识。

在我心里那个平时很忙又很严厉的爸爸，今天变得慈祥又可爱，还让我们学到了一些学校里接触不到的知识。家长讲堂真是一个让我们耳目一新的好创意哟！期待着下一次的家长讲堂。

> 家长热议

感悟师者匠心，感悟爱育精彩

美茵校区　二（2）班　黄逸琛家长

回想起第一次走进学校做家长讲堂，虽然已经过去一年多的时间了，但当时的情景仍历历在目，好多感受还一直萦绕在心中，这些感受一直鞭策着我，努力做一名合格的小学生家长。

记得那是金秋十月，一天放学后黄老师留下我，说黄逸琛给我报名家长讲堂了，让我回去准备准备。当时我的第一反应是我不行呀，我的职业经历真没啥能教给孩子们的。黄老师对我说，黄逸琛很积极，如果我能来，早上由孩子做精彩两分钟，下午由我来做家长讲堂，对孩子来说是很棒的经历，也是一种很好的激励。黄老师的话深深地打动了我，我下定决心走进家长讲堂，第一次体会到学校的"爱育精彩"，感谢老师的细心，感恩老师的用心，感悟老师的匠心。

回家后我想了很久要给孩子们讲些啥，那时黄逸琛非常热衷于研究恐龙，和他商量后，我决定把课程的主题定为"恐龙时代"。

那天，真是难忘的一天，我有幸成为一名"临时教师"，怀着忐忑的心情走上三尺讲台，看着下面一双双明亮纯净的眼睛，我心潮澎湃。我给孩子们介绍了恐龙的小知识，又讲了一个关于恐龙的故事，最后还教孩子们学恐龙折纸。与孩子们相处的这一个小时里，和他们零距离交流，我看到有的孩子开朗活泼，有的孩子羞涩腼腆，有的孩子调皮捣蛋，有的孩子热情大方，有的孩子不善表达……这就是那群刚入学一年的小豆丁，真可爱呀！由于中间有提问和讨论环节，我手忙脚乱地维持了两次课堂纪律，我人生中的第一次授课就在忐忑紧张、一片欢快、少许混乱中结束了。最后，我忍不住问孩子们：喜欢我今天讲的"恐龙时代"吗？听着他们大声说"喜欢"时，我顿觉幸福无比。

通过这次的家长讲堂，我真切感受到老师的辛苦与不易，班上那么多学生，首先要管好纪律，不然没法上课，还要结合各个学生的特点来传授知识，兼顾每一个学生，真心不容易。学校精心设计家长讲堂这一课程，是让家长充分发挥各自的职业特点、生活特长，走进学校，走进课堂，和孩子们亲密接触，让孩子们拓宽视野，增长见识。这就是学校"爱育精彩"的一个小缩影！

同时，我也真切感受到做一名合格家长的重要性。首先，要支持老师的工作，支持老师的工作就是支持自己的孩子健康成长，老师和家长的相遇，也许就是爱与信任的相遇；其次，家长要以身作则，让自己变得更好，父母在日常生活中言传身教的影响比老师课堂45分钟的影响要大得多，父母才是孩子"永不毕业"的班主任；最后，努力做一个精益求精、别具匠心的家长，让陪伴成为一种向上的力量，让爱的教育、好的生活形态，一点一点慢慢地建立。孩子，我负责点燃你的热情，你负责坚持到底，让我们彼此之间感受到更多的美好。

向上吧，少年！

◆ 老师这样说 ◆

在快乐中学习

美茵校区 二（2）班 黄冰冰

如果要问班上的孩子们最喜欢学校哪一天的课程安排，超过百分之八十的孩子都会毫不犹豫地回答："周五下午，因为有家长讲堂。"从一年级的开学伊始到现在二年级马上就要结束，每周五下午的家长讲堂都如约进行着。几乎每次周五中午都有孩子跟在我的身边，悄悄地问："老师，今天下午是谁的家长来做家长讲堂呢？"我总会用"保密"来回答他们。

真心佩服、感谢我们的每一位家长，每一次的家长讲堂都精心准备，采用各种活泼互动、科学的教学方式，孩子们不知不觉在玩中学到了许多知识。两年时间，50多次的家长讲堂，每次的课程都很有新意和创意。吴仁迪妈妈的正确洗手法，让很多孩子养成了讲卫生的好习惯；姚林含妈妈的小科学"牛奶烟花"课堂上赞叹声不断，看着自己动手制作出来的烟花，"小科学家"的梦想已经在心底扎根；刘弘扬妈妈带着孩子们动手制作寿司，自己的劳动成果最美味……

轮到自己的爸爸妈妈来做家长讲堂时，这个孩子的脸上一整天都挂着得意、自豪的笑容。家长讲堂是增进家长和老师、家长和孩子之间感情的桥梁。小迪是一个很腼腆、内向的小男孩儿，从不在人多的地方大声说话。一天，他跟在我后面很长时间，欲言又止，我问了好长时间，他才有点胆怯地说："我想给妈妈报家长讲堂。""当然可以，欢迎你的妈妈来给大家做家长讲堂。"到了小迪妈妈做家长讲堂的那天，他特意让妈妈穿上护士工作服，他自豪地对班上的每一个同学说："今天是我妈妈做家长讲堂，她是护士。"孩子的眼中闪烁的那种自信，让我由衷地感到高兴。一次家长讲堂，让小迪变了，他每每跟我谈起他妈妈上课的情景都忍不住"咯咯"地笑。看着他活泼可爱、越发自信的小脸，我好感动！

作为北二分的一名教师，我要为我们的先进理念点个大大的赞，一节家长讲堂课，将老师、学生、家长的心紧紧联系在一起。让我们家校联手，不忘初心，让更多孩子在快乐中学习，在快乐中成长。

美丽的桃花手工黏土画创作

授课班级：凝碧校区　二（1）班　家长姓名：李晓玉　学生姓名：李旻喆

家长简介：

李晓玉，洛阳美术部落学校教师。

授课主题：

美丽的桃花手工黏土画创作

教学过程：

一、情景导入

同学们，春天到了，大家是否能感受到春天的讯息？大家来说说春天的景象……老师很喜欢一种花，也是在这个时节开放，老师来描述，你们猜猜是什么花……桃花都有什么颜色？长在树的什么位置？下面我们一起把桃花带到我们的课堂。（老师出示范画，让孩子们说说是用什么方法制作的）

二、准备

引导学生把淡蓝色的硬卡纸粘贴到A4白纸上，做好画板的准备。

三、示范与实践

提供桃树的照片和制作好的成品手工画，让孩子了解画的整体布局。用褐色勾线笔边讲解边做示范，然后自己动手勾画出桃树的枝干。同时在语言的提示下让孩子完成桃树枝干的创作。

四、创造新作品

把事先准备好的粉色黏土以小组为单位发放下去，示范桃花的制作过程。在老师的引导下让孩子自己动手把做好的桃花粘在之前画好的桃树枝干上，老师巡回指导，让孩子尝试不同形式的美工制作。

五、完成作品

选出制作认真的手工画和大家一起欣赏，同时表扬他们认真的态度。

家长热议

新的空气　新的感受

凝碧校区　二（1）班　王姝然家长

女儿每周五回家都绘声绘色地给家人讲述家长讲堂上的情景，我深深地感受到北京第二实验小学洛阳分校举行的家长讲堂活动，不仅使孩子真正感受到一种新奇的氛围，呼吸到新鲜的空气，也给了我一份全新的感受。

家长讲堂是学校给家长在孩子面前展示自己的机会，在两位老师的引导下，家长们精心制作课件，认真组织教学，给孩子们传授最拿手的技艺。有的家长讲营养知识，有的家长讲医学知识，有的家长讲手工制作，有的家长进行书法讲座……丰富多彩的主题内容走进了课堂。孩子们在新奇中学到了许多课堂上学不到的知识，扩大了眼界，开阔了视野，调动了学习的主动性，激起了学习课本外知识的兴趣，他们在有趣的课堂上看得仔细，听得用心。家长讲堂也使我切身体会到新时期的素质教育再也不是单一的学校行为，它需要学校、家庭、社会三方面合力而为。家长讲堂让社会与学校接轨，充分利用家长资源，激活了教学资源，满足了学生的多元需求。这也对我们家长提出了更高的要求，需要我们家长不断努力学习，更新知识，改变自己，转变教育观念。

今天我们捧出一缕阳光，明天我们收获一片灿烂；今天我们播种习惯，明天我们收获的不仅仅是成长，更有辉煌和笑容。为了孩子，我深信，在二（1）班这个充满阳光、雨露的原野上，在辛勤园丁倾注爱心的浇灌下，在家长们齐心协力的耕耘中，这里终将成为北京第二实验小学洛阳分校一道亮丽的风景线。我更相信，在未来几年快乐的学海生涯中，二（1）班的孩子们定会以崭新的面貌、优异的成绩，给老师、家长交上一份满意的答卷！

最后，为我们的家长讲堂点赞！为我们的两位老师喝彩！

青 蛙

授课班级：凝碧校区　二（2）班　家长姓名：麻燕鸽　学生姓名：张益尘

家长简介：

麻燕鸽，小学教师。

授课主题：

青蛙

教学过程：

一、启发引导学生总结青蛙的外形特点

二、亲手示范，引导学生观察范例中的折法

三、分步骤示范折叠方法，重点讲解双三角形的折法

1. 让孩子先进行两边对折。

2. 将大正方形纸变为小正方形，然后用左手将表层的正方形撑开，右手扶住上面半开口边折痕向底层的中线压折。

3. 背面的方法与上一条相同。

4. 将表层两个小角向两个斜边拉折，形成前腿。掀开表层将下层的两个小角向三角形底边拉折，形成后腿。

（鼓励孩子们大胆尝试，帮助孩子们掌握重点，体验成功的喜悦）

四、游戏"青蛙赛跑"

将青蛙头向前，用嘴吹青蛙尾部，使青蛙向前移动。孩子们，和你的同桌比一比！

五、布置作业

请小朋友们回家教爸爸妈妈折一折青蛙，和爸爸妈妈进行"青蛙赛跑"的游戏。

科创空间

空气的力量

授课班级：美茵校区 一（1）班　家长姓名：裴鹏宇　学生姓名：裴江南

家长简介：

裴鹏宇，南京航空航天大学教师。

授课主题：

空气的力量

教学过程：

一、展示风的图片、视频，吸引孩子注意

展示龙卷风经过的照片和动画，让孩子们了解龙卷风的威力和危害。展示火力发电形成的雾霾污染，让孩子们形成空气污染的直观认识。

二、展示明显对比的画面，引导孩子明白空气质量的区别

展示风和日丽的美好景色，激发孩子们对美好环境的向往。

三、引导孩子认识风能的作用

展示风力发电场的图片和风力发电机、电厂的建设过程视频，以及风力发电带来的美好环境和美丽灯光夜景。

四、对比利用自然风资源带来的美好和龙卷风形成的破坏

五、引导孩子们想办法实现风能的利用

提出问题，让孩子们尽力想象风能的作用。

六、展示风力发电模型

让孩子们了解风力发电机原理，鼓励他们自己动手也可以做一个小小的风力发电机。讲解空气运动向电能的转化，引导孩子们进行科学探索。

食物的旅行

授课班级：美茵校区　一（2）班　　家长姓名：古绍彬　　学生姓名：古若溪

家长简介：

古绍彬，河南科技大学食品与生物工程学院副院长。

授课主题：

食物的旅行，让孩子们初步认识身体的主要消化器官，了解食物的消化过程，培养科学合理的饮食习惯

教学过程：

一、创造情境，导入新课

首先猜猜小朋友们中午吃的什么，是粥和馒头？面条？米饭和肉？通过同学们的答案，提出问题——大家知道中午吃的饭饭现在到哪里了吗？在同学们各异的答案中，告诉大家从中午吃饭时间到现在饭饭应该旅行到胃了，现在正准备往下一站去呢。再次提出问题——那饭饭的下一站是哪里呢？在同学们思考的过程中，告诉他们这节课将带大家去感受一次特殊的旅程——"食物在体内的旅行"。

二、自主学习，初步感知

1. 吃馒头时，摸摸喉咙，馒头离开喉咙去了哪个器官？吃馒头时，你的喉咙、胸部、肚子会有什么感觉？

2. 放第一段动画：食物在口腔内是如何被牙齿咀嚼，以及如何消化的？

3. 放第二段动画：食物从口腔到食管。

4. 放第三段动画：了解胃的功能。

介绍蛋、肉和牛奶等在胃里都是如何被蛋白酶这把"小剪刀"剪碎成小分子的。

5. 放第四段动画：食物在小肠内是如何消化的？

介绍参与小肠中食物消化的器官（肝脏、胆囊、胰腺分泌像小剪刀一样消化液对食糜），以及小肠是如何吸收被消化的食物的。

6. 放第五段动画：食物在大肠内是如何消化的？

7. 总结。

三、设计游戏

说出人体的主要消化器官，贴出食物经过的主要消化器官顺序。简要写出自己对主要消化器官作用的认识、疑问。

四、观看录像，温故知新

这节课，食物在体内的旅行快要结束了，同学们，让我们带着快乐的心情共同回顾这次特殊的旅行吧。播放动画片《食物在体内的旅行》。

家长热议

民族团结一家亲

美茵校区 一（2）班 赵雨馨家长

2017年4月21日，我第一次参加了一（2）班的家长讲堂，受益匪浅。讲课前，我结合自身的工作特点，给这次家长讲堂定的主题是"民族团结一家亲"。虽然我在正式开讲之前准备了很久，曾经和班主任李老师、赵老师请教过如何深入、如何生动活泼，才能鼓励孩子们，激发他们的兴趣，也曾经给系统内的民族干部讲过类似的课题，但站在讲台上的那一刻，我心中还是充满了忐忑。

正式讲课之前，我把要讲的主题告诉了孩子们，孩子们都很期待，争先恐后地告诉我他们知道的民族名称有回族、苗族、白族、朝鲜族、维吾尔族……可以看出孩子们对于"民族"这一概念还是有一定认知的。许多孩子都做了自我介绍，在报了姓名、年龄后，也提到了自己所属的民族。孩子们端正地坐在座位上，等待着我给他们带来的关于民族方面的知识。

在孩子们求知欲旺盛的眼神中，我很快消除了心中的紧张情绪，按照预先设计的讲课思路，从孩子们能够理解的五十六个民族的历史由来、建筑服饰特点讲到我们国家各民族"平等、团结、互助、和谐"的民族关系等，再引导他们思考民族团结对祖国统一和国家繁荣的重要性等，逐渐深入，和孩子们一起讨论"热爱祖国，树立远大理想，实现中国梦"，课堂氛围积极热烈。

40分钟的讲授时间很短，给我印象最深的就是孩子们那一双双明亮的眼睛，专注地看着我，生怕错过我讲述的每一个细节。我想我是被这些眼睛震撼到了，这一幕将永久地保存在我的脑海中。

非常感谢学校组织的家长讲堂，让我们家长来到了孩子们中间，感受到了老师的辛苦和孩子们求知的渴望。孩子们也通过每一期的家长讲堂学习到了书本上没有的知识，丰富了知识构架。缘于这次家长讲堂的经历和这份感动，我希望此类活动长期组织下去，也祝愿学校蒸蒸日上，为家长和孩子创造更多的展示空间，将一棵棵小树苗培养成参天大树，成为祖国的栋梁。

一口吞掉鸡蛋的牛奶瓶

授课班级：美茵校区　一(3)班　家长姓名：郭亚苹　学生姓名：张钊源

家长简介：

郭亚苹，为孩子从自主创业者向自由职业者转变！坚信"快乐"最先是跟童年交友的。

授课主题：

一口吞掉鸡蛋的牛奶瓶

教学过程：

1. 请一名同学小心翼翼地将准备好的熟鸡蛋剥掉外壳。

2. 往空牛奶瓶里注入热水，摇一摇，将瓶子温热后再将水倒掉。

3. 再请一名同学站在旁边做监督员，一名同学将剥了壳的鸡蛋较尖的一头稳稳地放在空牛奶瓶的瓶口。然后屏住呼吸认真观察，不大一会儿，白煮蛋就被自动吸进瓶子里去了。

（游戏揭秘：热水的水蒸气把玻璃瓶里的空气排了出去，放上白煮蛋后，蛋与瓶口严密地闭合起来。这个密闭的瓶子冷却之后，水蒸气就会凝结成水，于是瓶内的气压下降，白煮蛋就被瓶外的大气压力压进瓶子里了。）

学生新知

安全记心中

美茵校区 一（3）班 张珈绮

今天下午的家长讲堂是周煜媛妈妈来讲的。阿姨给我们讲了有关安全方面的内容。上课一开始，阿姨就给我们播放了一些有关小学生不注意安全引发的危险后果的视频。视频看完后，阿姨让我们说一说有什么想法。从同学们的发言中，我知道大家都认识到了平时一定要时刻注意安全。最后，阿姨又让我们看了许多有关安全知识的图片，从中我知道了在路上行走要遵守交通规则，跟大人外出要跟紧家长不乱跑，在公共场所不要随便摸一些不懂的设施和电器，在家里要注意用火、用电安全。

家长热议

我心里的一个梦

美茵校区 一（3）班 李芳菲家长

感谢学校开展这次具有深远意义的家长讲堂活动，为家长提供了与孩子零距离接触与沟通的机会，让家长有更多的机会去了解孩子在校的表现，用另一种身份去发现孩子身上的闪光点。同时，这个平台也给了家长一个展示自己的机会，让孩子们看到父母为他们的成长所做的努力，在孩子们的心中播下一颗上进的、努力进取的种子，让孩子们能够"以我为荣"！

通过参与家长讲堂，从课题的选择、课件的制作到40分钟的课堂讲解，我深刻地感受到了作为老师的辛苦，正因为老师们的辛劳与全身心的付出，才换来了孩子点滴的进步。

通过这次家长讲堂，我深刻体会到，老师培养一个可爱的小朋友，需要用心去感悟他，教育他！需要真正地用自己的"师德"为孩子做好引路人。

我站在一个家长的角度，诚挚地对所有的老师说一句"老师辛苦了"。家长讲堂虽然只有40分钟的时间，但是一节课下来，累得大汗淋漓、汗流浃背，一个班级有50多名学生，有的安静，有的调皮，有的爱动，有的爱闹，各种类型，每一种类型的孩子都要选择不一样的教育方式来对待，这期间老师需要付出极大的耐心和爱心，才能管教好。老师很辛苦！

家长讲堂对我来说最大的收获还是来自孩子，孩子对我的家长讲堂赞不绝口，在对爸爸进行评价时小脸上洋溢着自豪与骄傲。所以，这一次准备家长讲堂不管有多辛苦，看到孩子的笑容，一切都是值得的！感谢家长讲堂圆了"我心里的一个梦"！

老师这样说

我心中的课堂

美茵校区 一（3）班 李飞飞

家长讲堂，是一个有特色的课堂，正因为学校开展了家长讲堂，大大拉近了学校与家长、学生与老师之间的距离感，学校、老师才可以更好地开展教学工作，为我们祖国的花朵的成长打下良好的基础。

在家长讲堂中，我看到了家长们的付出，当我们班有位学生家长提前接到下次将由她来做家长讲堂的通知时，她偷偷地告诉我："李老师，本来我是拒绝的，因为不知道孩子们喜欢听什么，也怕自己讲得不好。是我家宝宝回家后鼓励我，告诉我在家长讲堂中我应该怎样去讲，告诉我咱班孩子喜欢什么，还有老师你的支持，所以我就来试试，给自己一次机会，也给孩子做一个榜样，我可以的。"听了这位家长的话，我心里有些感动，父母为了自己的孩子可以这样勇敢，我们更应该把更多的学生家长请进我们的学校，让这样有意义的家长讲堂更好地被了解、被实施。

你瞧，我们的讲堂在这节课就交给了我们班索昊天小朋友的妈妈，今天将由她来为我们班 50 多名宝宝开讲。只听见孩子们亲切的一声"阿姨好"，昊天小朋友的妈妈也亲切地回应"孩子们好"。礼貌问候之后，昊天小朋友的妈妈为我们带来了有趣的科学小实验。我们一起来看看吧！昊天小朋友的妈妈用浅显易懂的语言跟孩子们讲了关于物体沉浮的原理，彩虹的实验更让孩子们惊喜万分，相信科学的种子已经在孩子们的心中慢慢发芽。科学小实验满足了孩子们的好奇心，也将孩子们带入了一个非常奇妙的世界，我也更加相信在这节家长讲堂课程中，孩子们的收获也是满满的。

我心中的课堂不仅是老师们的课堂，也是家长的课堂，它联系了我们之间的感情，开阔了孩子们的眼界，分享了孩子们的快乐，一起见证了孩子们的成长。最后，愿我们的学生在未来的天地里更加出彩，快乐成长。愿我们的学校更加精彩，让我们一起携起手来，共创属于我们的美好明天！

饮料揭秘实验

授课班级：美茵校区　一（5）班　家长姓名：张浩玉　学生姓名：张山水

家长简介：

张浩玉，洛阳理工学院生物技术系副主任。

授课主题：

饮料揭秘实验

教学过程：

一、提问互动

问大家是否喜欢喝各种饮料，不知饮料中都含有什么成分吗。

二、观看相关短片《旭峰实验室》

三、现场揭秘

用饮料揭秘盒中的各种食品添加剂，调配一杯"鲜榨的橙汁"，添加顺序如下：

1. 打开一瓶纯净水，倒出三分之一；

2. 加入柠檬黄色素和日落黄色素，调配颜色；

3. 加入甜味剂（安赛蜜、阿斯巴甜）调整甜度；

4. 加入酸度调节剂（柠檬酸）调整酸度；

5. 加入膨松剂（碳酸氢钠）使其产生气泡；

6. 加入橙子味香精2~3滴，使其具有橙子的香味；

7. 加入增稠剂（黄原胶、羧甲基纤维素），调整果汁的质地，同时出现果肉的效果，完成饮料调配的环节。

四、选几名同学进行现场实验（5分钟）

五、结语

利用PPT展示一些图片，如人类进化图、食品添加剂的图示、各种果汁饮料的图片，告诉同学们要学会阅读食品配料表，远离营养价值低的垃圾饮料，选择新鲜天然的食物和果汁。有好身体，才有好未来。

学生新知

可爱的铃铛

美茵校区　一（5）班　张笑语

我最爱的星期五又到了，这一天有我最喜欢的家长讲堂！学知识，做手工，了解洛阳文化，等等，五花八门，每次都不一样！所以每次上完这节课，我就开始好奇和期待下一次了！

我平时很喜欢做手工，老师经常夸我心灵手巧呢！特别巧的是，今天张博禹的妈妈带来的家长讲堂就是一次有趣的手工课——铃铛制作。一上课，她为我们展示了漂亮的铃铛图片，看着各种各样的铃铛，我的心里直痒痒，真想马上就开始制作呀。阿姨仿佛看懂了我的心思，开始给我们发制作铃铛的材料啦！我迫不及待地在阿姨的指导下开始制作了。首先，我把一个会响的小金属放进铃铛外壳，再把铃铛外壳粘起来；然后，在铃铛外壳表面涂上喜欢的颜色；最后，用彩线把铃铛穿起来，这样它就可以挂在我想挂的地方了。看着自己亲手做的铃铛，我的心里别提有多高兴啦！对了，我还请阿姨帮我写了几个字，送给亲爱的妈妈，想让妈妈和我一起分享这份快乐！

这是我很喜欢的一次家长讲堂，每次拿起我亲手做的铃铛，我就感觉非常快乐！我也特别感谢每次来讲课的叔叔阿姨，给我的学校生活增添了这么多的乐趣。

有趣的实验
美茵校区 一(5)班 庄严

每到周五我都很开心,因为在这一天会有我最最喜欢的家长讲堂。

我们的家长讲堂内容可丰富了!有关于安全的、美食的、建筑的、地理的、植物的、手工的……真是应有尽有呢!其中,我最感兴趣的是"牛奶的变化"。

在课堂上,范子谦妈妈先和我们聊了牛奶的好处,接着和我们一起完成了四个小实验。一回到家,我就迫不及待地要爸爸陪我一起仿做了其中的一个实验:牛奶遇上醋。首先我们把100毫升的牛奶倒入玻璃杯内,然后再把50毫升的食醋倒入盛有牛奶的玻璃杯中,并充分搅拌,5分钟后,我们观察发现倒入醋的牛奶气味酸甜刺鼻,颜色越来越浓,变成了土黄色。液体变稠了,有颗粒状物质产生,看上去像有许多麦粒。

我觉得这种变化很神奇,和爸爸一起又查了很多资料来进行学习,从中收获了很多知识,也让我爱上了科学实验。它真的太有趣了!

家长热议

爱育精彩 与你同行
美茵校区 一(5)班 刘姿含妈妈

众多特色教学中,对于家长而言最直观的,莫过于每周五下午三点钟例行的家长讲堂。

作为一个一年级小学生的家长,每天面对孩子的心情无疑是矛盾的,因为孩子初入学校，父母总会有各种担心和忧虑，担心孩子吃不好，担心孩子在学校休息不好，担心孩子上课又没有认真听讲，等等，总之是各种不放心。但是因为接送学生都在校外进行，所以能进教室看孩子的愿望只有在开家长会和家校联欢的时候才得以满足，而那也只能是看看孩子的座位在哪儿，看黑板的视线好不好。家长讲堂恰恰满足了众多家长的需求和一窥究竟的好奇心理，同时也实现了孩子们十二万分想要在讲堂上看到爸爸妈妈当自己班老师的愿望，所以家长讲堂的设立对于学生和家长而言无疑是最好的礼物。

因为每周家长讲堂讲课的家长不同，所讲的内容也就各有不同，精彩纷呈，它的设立打破了我们原生家庭所给孩子灌输的知识和常识的局限性。家长们利用各自的职业特点，结合孩子们的兴趣及行为习惯，精心准备课程，从城市文化到地球环保，从卫生知识的预防到碰撞骨折后的紧急处理，以及餐桌礼仪和饮食安全等，涵盖范围广泛，整个家长讲堂讲下来俨然一部生动而实用的"知识百科全书"。

在家长讲堂环节，给我们家长更多感受的是老师的辛苦和不易。作为家长的我们在上课之前为了保证孩子们的兴趣得到最好的发挥和互动，绞尽脑汁地准备着，唯恐错失了哪一个孩子的兴奋点。即便如此，课堂上依然有个别孩子的注意力无法集中，跟我们互动一会儿就自己玩儿了，好像他有自己的小世界要忙碌。可想而知平时老师上课要天天面对这一群聪明可爱而又调皮爱动的孩子的那种辛苦和付出，想想我都害怕了。几乎每个讲下来的家长都会有感而发地说一句："哎呀，当老师真不容易啊！我讲一会儿课讲得嗓子都快哑了，老师天天讲该多累啊！"所以真心地说一句：老师，你们辛苦了！

这样的家长讲堂让我们乐此不疲地进行着，继续着，因为看到了老师们真诚无私地付出和认真耐心，家长们对孩子在学校的各种不放心和顾虑也慢慢烟消云消，工作闲暇之余想起孩子也是难掩的欣慰和喜悦。

现在想来还真的要好好感谢学校设立的这个家长讲堂，忽然想起教室黑板上方写的八个大字"倾听、思考、合作、表达"这是学校的办校理念，也是我们家长的期望。因为爱，我们携手同行；因为孩子，我们义不容辞；因为有如此爱岗友爱的学校和老师，我们全力以赴，家校合作，共育精彩。希望家长讲堂越讲越好！

老师这样说

有爱的课堂不寂寞

美茵校区　一（5）班　张纪萍

"二小人只喝白开水"，这句话是到北京二小参加学习时崔英主任讲给我听的。它看似平常，却又极其重要，孩子的健康需要这份关爱。

返校后，我迫不及待地把这句话加上了自己的理解，声情并茂、图文结合地一股脑儿都倒给了学生，希望他们也能了解、认同，从而发自内心地去遵守、执行。

然而理想并非那么容易就能变为现实，也许是我的学生年龄尚小，处在低年级的他们虽然也明白老师讲的得这些有道理该执行，因为他们的妈妈在家也是这样教他们的，但真正让他们做起来时却又因为实在抵挡不住诱惑，一次次地"没有原则"。

在很长一段时间里，我都在纠结这个问题。我也坚信，一定会有办法让学生直观地感受到饮料带给他们身体的不良影响，或者我还可以想个办法让学生看看"饮料"的"庐山真面目"。可是这个问题一抛就是数月，直到张山水爸爸来学校上了一节家长讲堂，我的这种种无奈才被一一化解。

山水爸爸在课上利用实物给同学们介绍了多种饮料中的配料，并利用这些孩子们眼中的"颜色"，现场勾兑出了市面上卖的多种饮料，并且根据自己试喝的结果还变换着不同的口味，甚至带有果肉的饮料也能勾兑出来。孩子们见证了矿泉水的"华丽大变身"，在一声声惊叹之后连连摇头，这不可思议的叹息声后是他们对于今后是否要喝饮料的主动思考。

山水爸爸课上建议同学们喝白开水，如果喜欢果汁，可以自己动手和爸爸妈妈一起榨鲜果汁。

在那个周末，我们一（5）班的班级微信群里异常热闹，家长们都在兴致勃勃地谈论着自己孩子近两天的惊人变化，从之前爱喝饮料的"小馋猫"变成了如今宣传"喝白开水有益健康"的小老师，不仅自己不再喝了，还要求家长也少喝饮料。听说他们在家讲起道理来都头头是道呢！

除了惊喜，我更为正在受益的学生感到开心。每个周五，他们都会享受到类似的非比寻常的幸福课堂，主讲老师是我们拥有着极高专业素质的家长们。

回顾自己所经历的家长讲堂，也有百余节了。这些课所涉及的内容极为广泛，形式也是多种多样，都是家长们根据自己所做工作或所从事的专业研究，结合学生的年龄特点、知识层次、现阶段所需等精心设计出来的。

家长讲堂作为学校课程外的补充，以"爱"为本，以"生"为本，用适时、专业的课程设计，向学生们传授课本以外的丰富知识，让我们的课堂也因为这份"爱"而幸福、快乐。

"戏剧进校园"时，班级戏剧排练出现困惑，专业的播音员家长带着她从事相关工作的同事、朋友，组成了亲友团来到家长讲堂，给同学们做专业指导。看到同学们在做眼保健操时对穴位并不理解，相关的大夫家长走进了家长讲堂，从专业角度介绍、分析相关穴位、保健等知识。七八岁的年纪正是对万物产生好奇的时候，我们的家长带来了"奇异的植物世界""神奇的尾巴""建筑世界"，跟同学们聊植物、聊动物、聊建筑，享受同一片蓝天下和谐的快乐。四月是我们洛阳的牡丹文化节，我们的家长带来了"牡丹诗词",和同学们分享这份洛阳人的自豪,同时感受我国诗词文化的魅力。考虑到同学们爱动手、喜手工,巧手妈妈带来了"书签制作""自制铃铛"。警察讲安全,医生讲急救和保健,电台主持人讲语言表达,钢琴老师讲乐理,会计讲理财……

我们的家长有责任、勇担当,有大爱的情怀和智慧,为了孩子的成长,他们积极努力,乐于奉献。他们的课上没有太多华丽的语言,没有太多课堂组织的方法,但因为专业,所以内容上直观、科学;因为有爱,所以准备上用心、投入!为我们精彩的家长讲堂点赞,为我们精彩的"有爱家长"点赞!

让我猜猜你叫什么名字

授课班级：美茵校区　一(9)班　家长姓名：张程　学生姓名：任怡霖

家长简介：

张程，是"女码农"，也是"任怡霖的妈妈"。

授课主题：

让我猜猜你叫什么名字

教学过程：

一、开场

本课堂是一年级的第一堂家长讲堂，首先告诉孩子们我不认识大家，很想认识一(9)班的每一个孩子。

二、展示

打开网页，网页上有"红""黄""蓝""绿"四个按钮，对应班级的四个组别。如右图所示。

通过点击相应颜色的按钮，随机显示相应组别孩子的名字，让孩子喊"停"，"姓名"处显示对应组别的某个孩子的名字，被选中的孩子需要自我介绍，让我来认识他。孩子们都希望自己被选中。

这是一个通过按钮颜色随机点名相应颜色队的小游戏。提前和赵老师要了名单，想调动孩子积极性。没想到当时气氛是调动起来了，再让小朋友们安静下来听我讲那是太难了。

三、学生参与

经过上一轮的随机抽取，孩子们都很活跃，我告诉孩子们没有记住他们的名字，引出下一个环节：计算。通过计算，得出孩子的名字。我随意点到一个孩子，让他告诉我学号和颜色组，输入数字，让孩子计

算结果，同时显示他的名字。如下图所示：

任怡霖	管熙昀
⓪ + ⑪ = 11	㊿ + ⑤ = 65
想通过简单的加法运算让孩子体会到有些看似神奇的事情其实很简单。激发孩子探索原理的兴趣。算法在下图中，一看秒懂，选择0、20、40、60分别代表红蓝绿队是为了让加法简单，并排除计算出相同数值导致冲突的小问题	想通过简单的加法运算让孩子体验到有些看似神奇的事情其实很简单。激发孩子探索原理的兴趣。算法在下图中，一看秒懂，这样0、20、40、60分别代表黄红蓝绿队是为了让加法简单，并排除计算会相同数值导致冲突的小问题

例如，被选中的孩子告诉我他是黄队 11 号，就在输入框中输入 0+11，让孩子告诉我计算结果，随后点击"＝"验证结果是否与他计算的一样，同时就会显示出孩子的姓名了。

四、分析

当孩子们发现每次通过他们的组别和对应的号码我就能知道他们的名字时，会觉得很神奇。随后将引出是怎么计算出来的，告诉孩子们，看似神奇的事情，其实背后的原理很简单。（展示计算过程）

通过计算后的结果在表里查找结果对应的姓名就可以了。

❖ **学生新知** ❖

神奇的魔方复原

美茵校区　一(9)班　徐澍

魔方，神奇的玩具，智慧的考验者。5 月 27 日下午，王睿媛的爸爸给我们带来了一堂精彩的家长讲堂"魔方复原"。这堂课让我们大开眼界，一个小小的魔方竟如此神奇，带着我们进入了一个奇妙的魔方世界。

课堂上，睿媛爸爸手拿一个魔方，从第一步白色＋字修整开始，用了七个步骤复原。叔叔用 PPT 给我们详细讲解了各种颜色模块正确的复位方法。小小魔方，6个面，26个小方块，如此简单的构造，在睿媛爸爸的手中就像被施了魔法般，乖乖地听从他的号令，左转，右转，上拧，下拧，几个简单的动作，想让哪种颜色复位就能让它在短短几秒钟内回归原位，小小的魔方在叔叔的手中变得魔幻神奇，变化多端，我们都看得入了迷。叔叔说："魔方是一种很好的益智玩具，只要勤加练习，大家都能成为玩魔方的高手。"

通过学习，我明白了一个道理：不管做什么，只有付出努力才能有所收获。以后做完作业后，我要按照叔叔教的方法勤加练习，有一天我也能成为一个玩魔方的高手。

家长热议

和孩子一起成长

美茵校区　一(9)班　魏艺涵家长

家长讲堂是一种全新的教学体验,它会带动家长接触不同领域的新事物，不断提高，不断完善，不断充电。只有家长的素质提高了，孩子才会更精彩。

刚开学，学校就安排了孩子们参与的"精彩两分钟"和家长参与的"家长讲堂"。我就提议让孩子报"精彩两分钟"。孩子不愿意，主要是她不敢。后来我就说：妈妈也报家长讲堂，咱们一起走上讲堂，体验一次当老师的感觉，怎么样？最后我们就愉快地决定了。我是第一次走上讲台，语言组织能力也不行，有点儿紧张，看到生动活泼而又问题多多的孩子们，真不知道用什么样的语言来回答。我就决心回家要与孩子一起学习，一起成长，一起进步。女儿也勇敢地走上了讲台，以至于现在每次都催促我在微信上给她报"精彩两分钟"。不管过程怎样，我们终于走出自己内心的害怕，战胜了自己。

再说说家长讲堂给孩子带来的收益。每次星期五回去，我们的聊天话题就是围绕家长讲堂的内容，孩子学到了很多东西，浩瀚无垠的月球、银行知识、节约……我觉得孩子懂得很多,有时孩子还充当老师的角色给我讲。这都是家长讲堂所带来的收益。记得有一次我在微信朋友圈发了一张孩子们的照片,有一个朋友评论:"看你们学校的孩子都精神抖擞,自信满满。"我说:"那是,我们的孩子都是未来的栋梁之材。"一下子觉得我们的学校好"高大上"。

家庭是孩子的第一课堂,家长是孩子的第一任老师。孩子的自信心、恒心就是明天的成就。最后,希望我们的家长讲堂越办越好,孩子们的"精彩两分钟"越来越精彩。

梦的起点

美茵校区 一(9)班 赵语晨家长

走进学校,了解学校,才能理解"家校共建"的理念。为人师表是对老师的要求,以身率先是父母的准则。家长讲堂是展现家校共建文化的窗口,是家校共建文化的一部分,也是学校的亮点与特色。家长讲堂,让不同职业的家长共同体会老师的职业,角色的转换让家长理解什么是"人各欲善其子,而应知自修,则不惑"。在这个课堂上,家长用心体验老师的工作,耐心与孩子互动,老师通过家长更了解学生,能因材施教地把自己的教育成果展现出来。而孩子们则在老师与家长爱的滋润下健康成长。人才之成,自儿童起,也许"因爱携手,共育精彩"的理念才能真正诠释"快乐教育、快乐学习"的真正意义吧!

我们这些家长有感于这些理念,根据自己的职业特点,针对孩子的年龄阶段,在繁忙的工作之余,为孩子们精心准备并展现各行各业的知识。知识的汲取,习惯的养成,也在家长讲堂的影响下慢慢渗入孩子的生活里。卫生问题每个家长都会遇到，我们不知道说了多少回，但是收效甚微，可是贾子涵妈妈的"如何做一个讲卫生的好孩子"一课，却让孩子们记住了，而且还不忘提醒我们家长。"中国式过马路"，这是一个再平常不过的社会行为，可是孩子们的举动总是让我们这些大人汗颜。韩雨杉爸爸的"安全知识伴我行"，让孩子们更加坚定了自己的想法，每当爷爷不走斑马线的时候，孩子总会把这个课程的内容搬出来讲给爷爷听。孩子吃饭问题，是我们每个家长的软肋，在这个问题上，我们家长是站在统一战线上的，可是能有几个孩子不挑食？翟梓博爸爸的"多样化饮食"告诉孩子们，主食给我们力量，肉食让我们强壮，蔬菜使我们健康，蛋奶让我们聪明。孩子们，你们愿意有力量、很强壮、很健康、很聪明吗？还有我们每天的作业中有一项为"三个十"，其中一项是端正坐姿10分钟，一写作业，必提醒，自从马梓煊爸爸讲了"如何预防近视"后，孩子了解了眼睛的结构，知道了眼睛的重要性，对自己提出了一个要求：写作业的时候要坐直。还有齐欣悦爸爸的"大气污染与工业粉尘"，让孩子们知道爱护我们共同的家园——地球，特别是去年因为雾霾而放假，用孩子的话说"这是地球爸爸给我们的一个教训"。孩子尚且如此，我们以身率先的家长是不是更要这么想呢？"少成若天性，习惯之为常"，在家长讲堂中，这些好习惯潜移默化地影响着孩子。除了习惯，还有梦想，叶语缇爸爸的"神奇飞机"，朱峣熠爸爸的"房屋是怎样建成的"，带给孩子们的是无限的遐想。战斗机"闪电"、运输机"胖妞"成了孩子们的梦想，"我希望有一天我也能坐上去，翱翔在蓝色的天空"。"妈妈，有时间你也给我们同学讲讲水泥、沙子，我希望将来我也能盖一座房子，世界上最高最大的房子。"每周一次的家长讲堂，各行各业的知识就像一根导火索一般引导着孩子们对身边事物的兴趣，对未知事物的探索。回到家里，他们把记住的东西给爸爸妈妈讲讲，并向爸爸妈妈抛出更多的为什么，这不正是我们希望达到的教育目的吗？

"星星之火，可以燎原。"家长讲堂带给孩子们的影响是深远的，点点滴滴的知识积累起来就是一个浩瀚的宇宙，而每个知识点就如同宇宙中一颗明亮的星星，给孩子们带来希望和光明。这个课堂，如同一片肥沃的土地，在这片土地上，家长就是引领孩子梦想的使者，每一个知识点都在孩子们的心里种下了一颗希望的种子。就如孩子给我说的："妈妈，我们的梦想就是在这里慢慢发芽，这些小芽会茁壮成长的！"我惊讶于孩子对于家长讲堂的感悟，更感动于家长讲堂带给我们的影响。

老师这样说

因为有爱　一路精彩

美茵校区　一（9）班　曲琪

走进学校，就不断有新颖的教育理念指引着我前进。初次接触"家长讲堂"这个名字，我还一头雾水，不知道家长讲堂到底是要做什么。在弄清了家长讲堂的意义后，我由衷地感慨这种别具特色的课堂模式构筑了学校、家长和孩子三方互动的平台，完善了学校、家庭、社会三位一体的教育体系，丰富了学校的课程资源，创新了教育形式，充分挖掘了家校合作的巨大潜力，有利于三方形成教育合力，促进学生全面发展，并且会在孩子的童年时期开阔他们的视野，激发他们宝贵的求知欲。

还记得第一次的家长讲堂，开学没多久，孩子们良好的课堂习惯还没有完全养成，有一点儿担心他们会过度兴奋而导致家长没办法控制场面。第一次来讲课的家长是任怡霖的妈妈，当她出现在班级门口时，就有很多孩子围在她身边，问她是谁的妈妈，今天要讲什么课等。等到正式上课时，一双双好奇的眼睛就像清晨的第一缕阳光，高举的小手，孩子们特有的问题，让我看到了这一堂课带给孩子们的不仅仅是知识，还有关于童年美好的记忆。

有一次李可心的爸爸来讲钱币的知识，其中讲到在最早的时候人们是用贝壳作为钱币，所以很多和钱有关的汉字都有"贝"字。过了一段时间，在语文课上学习到"财"这个字，当时我正准备讲这个字，孩子们却异口同声地跟我说："老师，这个字和钱有关，李可心的爸爸讲过，以前的钱是用贝壳做的，所以是贝字旁。"突然之间我意识到，每次家长讲堂是真的在丰富孩子们的知识，为孩子们带去课本之外但却能和所学内容相互联系的知识。每个家长的讲述内容和讲解方式都不相同，这也是每次家长讲堂充满神秘魅力之处，孩子们对于每一次的课堂都充满了好奇和期待，对家长的讲述内容都听得特别专注。我特别喜欢在家长讲堂上默默地看着我的小小人儿们，他们的眼神和表情都在随着家长的讲述发生着微妙的变化。认真时的专注，惊奇时的"哇"，赞同时的微笑……这一切都源自家长讲堂这一理念以及家长们为了给孩子们带来一堂精彩课堂所做的精心准备。从每学期初家长们的踊跃报名，讲课前用心制作的 PPT，有时还会带来一些课堂展示用的小道具，就足以看出家长们的良苦用心。想起来有次刘怿泽的妈妈为孩子们带来的家长讲堂内容是和银行存储以及 ATM 机有关的，她在银行工作，当天向单位请了假，专程穿了工装来讲课，并且为了让孩子们体验 ATM 机，她提了两大兜模拟 ATM 机的小道具，课堂上孩子们通过自己的实际操作，对 ATM 机的使用有了更直观的概念。下课后，我说这么多东西不好带，需不需要我们帮忙，她特别轻松地说："没事儿，我自己可以！"眼神中流露出的全是为了 55 个孩子付出的值得，看着这位瘦弱的妈妈提着两大兜道具离开的背影，我的心中满是感动。

有爱的地方就有梦想，有梦想的地方就能飞翔。学校是一个有爱的地方，家长讲堂更是一个源于爱的平台，愿孩子们在爱的沐浴中，前进的脚步更加自信坚定。

神奇的杠杆

授课班级：美茵校区　一（10）班　家长姓名：张刚　学生姓名：张艺潇

家长简介：

张刚，洛阳理工学院教师。

授课主题：

神奇的杠杆

教学过程：

一、创设情境，引入课程

多媒体展示两个小朋友在欢快地玩跷跷板的情景，工人用撬棍撬动大石头的情景。

问题：同学们玩过跷跷板吗？同学们能搬动这么大的石头吗？（激发学生的学习兴趣）

多媒体展示生活中经常使用的工具，例如指甲剪、撬棍、剪刀、钳子、羊角锤、起子、天平等。

问题：现在老师想剪断铁丝、开启瓶盖应该分别使用什么工具？

学生讨论并提出方法，教师在台上演示：用钳子剪断铁丝，用起子开启瓶盖。

教师：由演示导入杠杆概念。在我们生产和生活中的这些工具实质上都是杠杆。

二、认识杠杆

问题：这些工具在使用过程中有什么共同特征？

学生活动：班内讨论、分析使用这些工具时的共同特征，从而得出杠杆的概念。

杠杆：一根硬棒，在力的作用下能绕着固定点转动，这根硬棒就是杠杆。

多媒体展示用撬棒撬石头的过程，引导学生认识杠杆的构成，认识杠杆五要素即支点、动力、动力臂、阻力、阻力臂。

学生活动：指导学生以铅笔为杠杆，以橡皮为支点，撬动文具盒，体会支点在不同位置时，撬起文具盒用力的大小，引导学生理解力和力臂的概念。

讨论：在生活周围发现和分析各种杠杆，引导学生利用杠杆类工具，播放多媒体进行演示以加深理解。

三、探究杠杆的平衡条件

课堂思考：大人和小孩能一起玩跷跷板吗？

师生共同分析跷跷板、杆秤，引导学生认识什么叫杠杆平衡。

实验探究：杠杆的平衡条件。引导学生以直尺为杠杆，两端分别放置文具盒和橡皮，调整支点位置，使直尺保持平衡。引导学生认识杠杆平衡的条件。

讨论：引导学生讨论，发现在生活中使用杠杆平衡原理的工具，播放多媒体课件进行演示以加深理解。

学生新知

丰富知识的宝库

美茵校区 一（10）班 李赫廷

从 2016 年 9 月我成为北京第二实验小学洛阳分校的一名一年级小学生开始，每周五的下午都有一节让我非常期待的课程。给我们上这节课的人不是我的老师也不是我的同学，他们是我们班里每个同学的爸爸妈妈，这些爸爸妈妈所讲的内容是和我们平时课本上的不一样的。

我的妈妈讲课的那一天，我们学到了太阳晚上去了哪里和星星白天去了哪里，我们还知道了阴历和阳历的区别。杨致远的爸爸给我们讲解了船舶种类的知识，还有目前我们国家各种先进的军舰。魏雨凝的妈妈给我们讲解了牙齿的各种知识，让我们学会了如何正确刷牙，如何保护好我们的小牙齿。贾一诺的妈妈给我们讲了节约用水的重要性，让我们意识到节约用水的重要性和浪费水资源的危害。

通过家长讲堂，我学到了很多课本上没有的知识，也了解到很多科学、礼仪、生活常识方面的知识，这些知识都来自我们班小朋友的爸爸妈妈。我非常喜欢每周五家长讲堂里的每一位爸爸妈妈给我们上的精彩的课。非常感谢我们的学校能够给我们在每周五安排一堂这么精彩的课程，让我们能够开阔眼界，丰富知识，也非常感谢各位爸爸妈妈，为了我们的茁壮成长，你们辛苦啦！

家长热议

惊讶与感谢

美茵校区　一（10）班　李赫廷妈妈

2016年9月，我们家的李赫廷小朋友踏入了小学一年级的大门，成为一名光荣的小学生！开学没多久老师就让我们这些家长参与到教学活动当中，每周五由一位家长给孩子们上一节课。曾经当过培训讲师的我对讲课并不打怵，但是这次上课的对象是一群一年级的孩子，而且我的儿子也在其中，说不紧张，那是假的！我开始认真地选择上课内容，制作上课的PPT。

又是一个星期五，我带着精心准备的课程走进了北二分一年级（10）班。当我走上讲台，看到下面一双双明亮的大眼睛时，我的心情激动而略有些紧张，但孩子们渴望学习知识的心情与对问题的感知能力却是让我惊讶的。在整节课中，孩子们争先恐后地回答我提出的每一个问题，没有一个小朋友走神或交头接耳。我在每一个孩子的眼睛里都看到了对知识的渴望，望着那一双双明亮纯净的眼睛，我越讲越高兴，越讲越流畅，短短40分钟很快就结束了，其中快乐和美好的感受至今依然留在我的心中。

　　非常感谢北京第二实验小学洛阳分校开展的家长讲堂活动，为家长提供了与孩子零距离接触与沟通的机会，也给了家长一个展示自己的机会。这项活动也让我深刻感受到了作为老师的辛苦，正因为老师的辛劳与全心地付出，才换来了孩子点滴的进步。"春蚕到死丝方尽，蜡炬成灰泪始干"，老师所做的又何止是这些呢？在这里我代表孩子们、代表孩子们的家长说一句：老师，你们辛苦了！再次感谢学校和老师给我提供了本次机会，谢谢！

舰船知识　壮我雄心

授课班级：美茵校区　一（10）班　家长姓名：杨俊峰　学生姓名：杨致远

家长简介：

杨俊峰，中船重工七二五所高级工程师。

授课主题：

舰船知识　壮我雄心

教学过程：

以大海为讨论话题，引导式提问和开放式提问相结合，引导孩子们思考，吸引多数孩子的注意力。

一、PPT 展示：蔚蓝的海洋

提问思路：你到过海边吗？你见过大海吗？你知道大海里面都有什么吗？（引导孩子聚焦思考海洋，结合孩子与生俱来的表现欲，吸引孩子的注意力）

二、PPT 展示：海洋中航行的船只

聚焦话题：海洋中有很多很多的生物和设备，今天我们集中探讨海洋中的舰船知识。

三、PPT 展示：水面舰船和水下潜艇介绍

开启舰船知识的介绍。说明舰船装备的重要意义，说明水面、水下两种大的类型，重复近海、远海四种主要装备。在讲述过程中，不断反复，说明异同点的同时，增加他们的记忆。

四、PPT展示：舰船装备的发展变化

重点说明不同阶段的舰船装备的发展特点。引导孩子们思考科学技术在发展过程中的重要性，增加他们对科学发展的兴趣。让孩子们从具体的行业中了解发展和变化的结果及其重要性。

五、PPT展示：孩子与"基辅号"直升机航母合影

说明舰船装备距离我们并不遥远，我们也可以近距离观察它。舰船装备距离我们并不遥远，已经有身边的小朋友近距离观察过了。利用孩子们多数情况下表现出的对比心理，吸引孩子们的注意力。增加孩子们对讲述内容的兴趣。

六、课程讨论及结束

最后通过提问、总结陈述两种形式、四种类型的舰船装备，引导大家回忆思考，同时采用退让式的回复，回答孩子们可能提出的问题。引导孩子们通过学习科学文化知识，了解相关情况，并为其发展贡献自己的智慧。

学生新知

亮丽的风景线

美茵校区 一（10）班 武倩羽

入学快一年了，星期五这一天成了我最渴望的日子，因为星期五是我们最快乐的家长讲堂时间。

来自不同行业的叔叔阿姨来到我们学校，给我们讲述有关科普、法律、安全教育、生活礼仪、健康等方面的知识，让我们开阔了视野，学到了课堂上学不到的知识。

师韩奕妈妈讲了神奇的海洋世界，让我们认识到海水除了我们常见的蓝色，还有红色、黄色、黑色、白色等。高逸轩爸爸带来的"奇妙太空"，让我们知道了八大行星中有水星、火星、土星、木星、金星五大行星，知道了

水星是距离太阳最近的行星，而我们生活的地球是距离太阳第三近的行星。薛懿轩妈妈给我们带来了相关法律及儿童安全方面的知识，并通过真实的案例讲述了青少年儿童应当学会如何保护自己，使我们知道了遵守法律、遵守学校纪律的重要性。张洛铭爸爸讲述了儿童礼仪方面的知识，让我们懂得了如何尊敬老人、如何礼貌对待老师、如何和小朋友相处，学会了礼貌用餐等。

我期待着家长讲堂给我们带来更多的知识与乐趣，也希望家长讲堂带给我们越来越多的精彩。感谢各位叔叔阿姨为我们及家长讲堂付出的辛苦，谢谢！

家长热议

兴趣的传递　情感的交融

美茵校区　一（10）班　杨致远爸爸

了解家长讲堂是从一次办公室讨论开始的，一个同事的孩子在北京第二实验小学洛阳分校上学，一次加班中看到他在做动感十足的PPT，满怀好奇地去询问，得知这是准备参加学校的家长讲堂，给孩子们讲课，内容可以自己定，讲自己熟悉的，讲孩子们喜欢的，讲孩子们好奇的……

在满怀期待中，我的孩子也到北京第二实验小学洛阳分校上学了，在征集报名家长讲堂时，我毫不犹豫地报了，最终在第一次的家长讲堂环节，我给孩子们分享了舰船知识。

参与这次家长讲堂收获颇多。家长讲堂环节虽然名字叫讲堂，但感觉重在听而不是讲。考虑的是孩子想听什么，站在孩子的角度去思考问题，不论讲多好，他们不想听都是徒劳。选题时，我给自己定了一个原则：书上有的不讲，学校教的不讲。

我想达到激发孩子兴趣的目的。综合考虑后，我选择了"舰船知识"。

接下来是 PPT 的制作，想好他们想看什么、想怎么看后，我基本把文字全部删除了，把照片放到最大。在最后几张 PPT 中，我选择了一页，放了杨致远与"基辅号"直升机航母的合影照，只是想告诉孩子：看，这些并不遥远，就在我们身边。

在讲述过程中，杨致远看到自己的照片时兴奋得控制不住自己，要求自己上台讲，征得老师的同意后，他真的上去讲了。这一刻，我感觉到课堂是成功的。课程结束后，孩子们纷纷上来合影，还给我送上他们自己画的画或自己做的折纸。孩子的天真、可爱、热情在这一刻深深触动了我。

通过参与学校的家长讲堂，我对教育的认知更加深刻：

1. 设置家长讲堂非常好，可以让家长体验老师的角色，体验教学过程中老师的感受，增进与老师和学校的沟通，共同培育孩子健康成长。

2. 家长讲堂选题广泛，可以增加孩子的见识，使孩子接触到方方面面的知识，同时还可以深层次地激发孩子探索未知世界的兴趣，增强学习的动力。

3. 在家长讲堂互动过程中，家长亲身体验到关心孩子、教育孩子，多从孩子的角度思考问题，增进情感的交融，很多管教问题也就不再是问题了。

家长讲堂结束后，还有一个小插曲让我记忆深刻，每次回想起来又略有愧疚。课堂分享过后半年，我陪孩子到洛阳电视台参加活动，遇到一个小姑娘跟我打招呼，我礼貌地问了一句："小朋友，咱们认识吗？"小姑娘回答我："认识，你是杨致远爸爸，给我们讲过课，我送你的礼物还在吗？""在，当然在，谢谢！"我回答她。其实我早就忘了她送的什么礼物，甚至当时在教室都没有带走，但我想，她当时准备礼物时应该是很认真的。

"我送你的礼物还在吗？"偶尔会回荡在耳边，每次回想起来，都感到自己似乎对小朋友不够重视和尊重。如果有下次，我一定要记住每个小朋友的名字。

地球公转与自转

授课班级：美茵校区 一（14）班　家长姓名：赵军伟　学生姓名：赵琛

家长简介：

赵军伟，洛阳理工学院材料科学与工程学院教师。

授课主题：

地球公转与自转

教学过程：

一、导入

首先自我介绍。然后播放地球的公转和自转的儿歌动画。提出问题，让小朋友思考。

二、主题环节

首先简单介绍太阳系的几大行星，引入地球公转的概念，由公转引出一年为什么会有四季的变化。提出问题"为什么会有白天和黑夜"引出地球自转的概念，用地球仪和手电筒演示地球自转时的变化情况。请小朋友上台帮助演示，亲身体验一下。

三、拓展

再次观看动画，就动画中提出的问题，请小朋友回答，回答正确的给予奖励。最后，以提问的形式把主要内容加以重复，加深小朋友的印象。

认识地球

授课班级：美茵校区　一（15）班　家长姓名：张莉　学生姓名：王章葳

家长简介：

张莉，洛阳理工学院教师。

授课主题：

认识地球

教学过程：

一、认识地球

太阳系有八大行星：水星、金星、地球、火星、木星、土星、天王星和海王星。这八大行星都是围绕着太阳转的。只有地球上有生命，为什么？（让大家讨论）

拿出地球仪，大家可以观察一下，地球仪上蓝色地方的是海洋，其他彩色的板块是陆地。让大家讨论：什么动植物生活在海洋里？什么动植物生活在陆地上？再来看一下陆地，中国在哪里？哪里又是日本、美国、俄罗斯、印度、加拿大？（让同学们在地球仪上找一找）地球是我们美丽的家园，地球上有壮丽的山川和美丽的花草树木，还有各种动物。

小实验：拿出一个手电筒当作太阳，照射在地球仪上，转动地球仪，手电筒的光照在地球仪上的部分就是白天，没有照射到的就是黑夜。以中国和美国为例，当手电筒的光照射在中国的时候，中国是白天，美国在地球的另一面，照不到光，就是晚上；反过来，当美国是白天时，中国就是晚上。

二、保护地球妈妈

我们有一个共同的母亲——地球，我们要保护她，更要爱护她。但此时地球妈妈正在遭受破坏,你们知道吗?湖泊干涸、森林被砍伐、空气中到处是雾霾。我们应该如何保护地球呢?(大家讨论:比如植树造林、不乱扔垃圾、出门少开车等)每年的4月22日是世界地球日,呼吁大家都来保护地球环境,保护地球妈妈。

三、总结提问

1. 地球仪上蓝色的区域是什么?

2. 太阳系有几大行星?

3. 几月几日是世界地球日?

4. 为什么只有地球上有人、有生命?

5. 为了保护地球,我们应做些什么?

学生新知

我爱家长讲堂

美茵校区 一(15)班 吉倚萱

每个星期五下午是我最喜欢和最期待的家长讲堂时间,每到这个时间,会有一位同学的家长来给我们上课,教给我们许多课本上学不到的知识。比如,麻冬旭的妈妈教我们做了三个奇妙的小实验,周默的妈妈教我们做了一个神奇的望远镜,冯歆然的妈妈帮助我们了解什么是微生物。家长讲堂带给我们不同的知识,让我们领略了世界的神奇。

我印象最深刻的就是有一次母亲节前,许家铭的妈妈给我们讲述了母亲节的由来,让我知道了我是怎么来到这个世界的,也明白了妈妈怀孕期间是非常辛苦的。在我们成长的过程中,妈妈为我们付出了很多辛劳,为了让我们健康成长,妈妈每天都很辛苦和努力。听完课,我真想对妈妈说一声:"妈妈,母亲节快乐!您辛苦了,我爱您!"回家后我把想说的话告诉了妈妈,妈妈开心极了!

希望我的妈妈也能早点做好准备,为大家带来一堂精彩的家长讲堂。

穹顶之上

授课班级：美茵校区　二（1）班　家长姓名：刘海业　学生姓名：刘梓妍

家长简介：

刘海业，中国洛阳电子装备试验中心高级工程师。

授课主题：

穹顶之上

教学过程：

一、导入

课程从北朝民歌《敕勒歌》中"穹庐"一词开始，介绍古代"天圆地方"概念的同时，以图片形式展示地球与其他自然天体的关系，逐渐将视野带入太空。

二、航天器介绍

分别介绍火箭、载人飞船、空间站等航天器的功能和用途，辅以大量图片，让孩子们对航天器结构、体积等有直观的认识。

三、我国的航天工程

介绍我国载人航天工程的进程，结合动画短片详细介绍从飞船发射到交会对接，直至飞船返回地球的全过程。

四、总结

总结我国在载人航天领域取得的成就及意义，激励孩子们好好学习，达到传播科学思想、弘扬科学精神的目的。

学生新知

神奇太空之旅

美茵校区 二(1)班 楚梦雨

今天下午是刘梓妍爸爸的家长讲堂时间,今天的纪律比之前好多了,因为我们又长大了一岁,更加懂事了,也更加有礼貌了。我非常喜欢今天的内容,讲的是"穹顶之上"。通过今天的家长讲堂,我们又懂得了很多知识,我们的地球表面有一层大气层,这是我们呼吸的气体,在大气层的外面,人类很容易飞起来,这就要穿上航天服。最后刘梓妍的爸爸还给我们带来了航天服模型,还有宇宙飞船,这些都是要留在教室的,我们随时可以观看。叔叔也告诉大家每个人都应该有个航天梦,以后可以遨游太空,还能为祖国做贡献呢!今天的课帮我解决了好多之前疑惑的问题,感谢刘梓妍爸爸给我们带来这么有趣的知识。

家长热议

难忘的"第一次"

美茵校区 二(1)班 鹿嘉畅家长

学校开展的家长讲堂活动,不仅密切了学校和家长的联系,也锻炼了家长,同时让家长身临其境地体会当老师的不易!更重要的是这样的活动让孩子们开阔了视野,扩大了知识面,让孩子们百花齐放!

听说有这项活动后,我是既想参加又感觉到紧张。在孩子的催促和鼓励下,我决定即刻报名,然后开始选题材、选形式,每一个环节都思前想后。最后选定了一个关于天气现象的题目,并借助PPT用图片说明雨、雪、雾等变化过程。

上课那天,我信心满满地走上了讲台,孩子们好像也很期待家长走入课堂，热情很高，我也很激动。上课铃响了之后，教室里一下子安静了下来，几十双明亮的眼睛齐刷刷地盯着讲台上的我，我突然紧张得大脑一片空白，甚至有些语无伦次，本以为面对孩子们我会很放松，却还是非常紧张。我赶紧回头看了看大屏幕上的图片，才恢复正常。本以为我的课题对孩子们应该是一个全新的内容，然而，孩子们的表现出乎我的意料。

这次课堂给我最大的感受是50多个孩子在一起，让老师们既教授文化知识又要引导生活习惯真不容易，认识到只有学校、老师与家庭、家长一起配合沟通，孩子们才能健康快乐地成长，这也是我们共同的心愿！让我们继续共同努力！

老师这样说

一路有您　精彩纷呈
美茵校区　二（1）班　王希平

家长讲堂有效地实现了家校联盟，动员家长承担起教育孩子的重任，能实现优秀家长群体的多层次和多样性的有效利用，同时，能给孩子带来课本上所学不到的社会实践知识。

家长讲堂促进了家长和班主任的联系沟通。家长讲堂讲什么，怎样讲孩子乐于接受，讲课时要注意什么等，一个个问题在与老师交流中得到解答。家长们学到了更好的教育方法。家长们登上讲台后也体会到了老师的不易，从而更加理解老师、支持老师，班级事务也更好开展了。

家长讲堂能充分利用优秀家长资源。我们的很多家长是非常优秀的，他们在家庭教育、社会实践、岗位技能等方面，能提炼很多的教育内容，比如劳动技能、社会责任、诚信感恩及其他课外知识，这大大扩充了孩子的知识面，形成家校合作的社会合力，对孩子道德养成等方面起到良好的促进作用。

有趣的浮力实验——漂浮的鸡蛋

授课班级：美茵校区　二(2)班　家长姓名：邓瑞雪　学生姓名：刘芷君

家长简介：

邓瑞雪，河南科技大学化工与制药学院教师。

授课主题：

有趣的浮力实验——漂浮的鸡蛋

教学过程：

一、体验感受

通过石块和乒乓球放入水中的不同现象引入浮力的概念，并提出问题：为什么体积大小差不多的乒乓球和石块放入水中现象不同？引出物体上浮、悬浮和下沉与所受浮力与自身重力的关系。

二、探求新知

鸡蛋放入水中沉入水底，向水中加食盐，鸡蛋由下沉到悬浮再到漂浮的过程，讲解浮力大小的影响因素。

三、学生活动

展开想象，针对浮力这种常见现象，让大家知道上述物体受到向上的浮力。你还想知道哪些有关浮力的知识呢？（死海等）

学生新知

用爱陪伴成长

美茵校区　二（2）班　姚林含

每个周五是同学们最期待的时光，因为这里有丰富多彩、生动有趣的家长讲堂。

家长讲堂形式多样，每节课的内容都深深地吸引我们。有的家长带来了美食制作，在这里我们不仅可以品尝到各种美食，而且还亲自尝试了美食的制作。有的家长带来了科学小实验，让我们深深感受到科学的奥妙无穷，同时，做实验也让我们明白，面对困难要勤于思考，多动脑筋来解决问题。有的家长给我们讲解交通安全知识，通过学习，我们都争做遵守交通规则的好学生……

家长讲堂已经伴随我们成长两年了，我们期待更多的家长走进二（2）班这个大家庭，共同见证我们的成长与进步！

家长热议

大学老师别样的小学讲台

美茵校区　二（2）班　杨芷菁妈妈

我是一名大学老师，三尺讲台对我来说是再熟悉不过的地方了，它搭载着我的梦想、我的责任、我的事业和我的人生，同时我又是一位母亲，孩子班里的三尺讲台对我来说却是一个完全陌生的地方。为了在讲台上和孩子一同成长，我承担了一次家长讲堂任务，第一次卸去了大学老师的外衣而以一位母亲的身份为孩子们精心准备了一节课，带着激动、兴奋和些许紧张走上了孩子所在的北京第二实验小学洛阳分校美茵校区二（2）班的讲台。

二（2）班教室是温馨、整洁的，黑板正上方的八个大字"倾听、思考、合作、表达"像一盏盏明灯指引着孩子们，也指引着我。当我展开课题"美国的重要节日"时，孩子们的好奇、兴奋一齐爆发。我的课题内容设计是从美国人最重要的节日——圣诞节开始，按照时间顺序基本在每个月份介绍一个重要节日。一节课下来，孩子们听得认真，回答积极。我在与孩子们的互动当中深深感受到小学老师的不易，相比较我的大学课堂而言，小学生的好奇心、求知欲和思维的高度活跃使得小学课堂的教学易放而不易收，特别是带低年级课程的老师们，在班级人数多、孩子年龄小、规则意识差的情况下还要提高成绩，培养学生素质，这个过程的艰辛我真是难以想象。通过参与这次活动，我个人收获也颇大，走进小学课堂近距离了解班级氛围，我被孩子们身上散发的那种阳光积极、文明上进的品质所感染，通过对比观察孩子们的课堂倾听及活动参与情况，我进一步了解了我的孩子在群体学习生活中的具体情况，发现了她身上我不曾看到的一面，为我在家庭中教育引导孩子提供了参考。

真的感谢学校和老师搭建这么好的一个平台，让我们家长可以走上讲台，参与见证孩子在学校的成长，这样的家校沟通，有创意、有爱意，更有效果！我相信二（2）班在两位班主任老师的带领下一定会越来越好！

老师这样说

一人一世界

美茵校区　二（2）班　王玮娜

每到周五，孩子们都特别开心，因为这一天会进行家长讲堂。孩子们期待着家长带来精彩的内容，让他们增长见识。每个家长都倾尽所能，带给孩子们新奇、有趣的知识。

李颂扬爸爸是一位人民警察，当我们在家长会上向各位家长讲解了我们的家长讲堂之后，他第一个报名参加。他用自己的所见所闻举出一个个鲜活的例子，告诉孩子们一些安全知识，并没有给孩子们太多的严厉印象，而是循循善诱地让孩子们了解在生活中怎样保护自己并注意安全。

吴仁迪妈妈是一位护士，她穿着洁白的护士服，给大家带来一节卫生常识课。初登讲台，这位妈妈并没有紧张，而是很从容，借由生动有趣的话语，卫生小常识就这样被记在了心里。

刘芷君的妈妈是大学里的化学系教授，她给孩子们带来了一次有趣的化学实验课，碘酒、小饼干、棉签、土豆片，这些不起眼的小东西是做什么的呢？把碘酒用棉签抹在饼干和土豆片上，颜色竟然发生了变化，太神奇了！在一阵阵惊呼中，刘芷君妈妈揭晓答案，这就是碘和淀粉发生的化学反应。

家长的用心我们都看在眼里，受益匪浅的更是孩子们，短短半个小时的用心讲述，小眼睛和小耳朵享受着丰富的知识盛宴。

潜水艇的秘密

授课班级：美茵校区 二(6)班 家长姓名：袁龙娇 学生姓名：李妍锌

家长简介：

袁龙娇，全职妈妈兼职出纳，女儿心中无所不能的超人。

授课主题：

潜水艇的秘密

教学过程：

一、讲解浮性定律

二、实验准备

1. 鱼缸装水。

2. 认识实验器材：注射器、小船、软塞、小螺母、橡皮筋。

三、实验进行

1. 把小螺母放入船舱内作配重物。

2. 把注射器用橡皮筋固定在小船上，放入水中。

3. 观察小船是否会沉入水中。

四、讨论，并让孩子们亲手实验怎样才能让小船上浮

五、让小船上浮的正确方法演示

1. 往后拉动注射器的推杆，使针筒内吸入空气；

2. 用软塞塞紧针筒口，再把小船放入水中；

3. 观察小船是否会在水中上浮。

六、讨论研究小船在水中变化的原因

七、讲解潜水艇的工作原理

1. 潜水艇的两侧有水舱。

2. 充水时潜水艇下降。

3. 排水时潜水艇上升。

4. 排水时靠的是压缩空气。

八、总结

潜水艇通过调整自身的重力改变与浮力的关系，从而控制其上浮或下沉。

九、作业

分发实验套盒，回家与爸爸妈妈一起进行科学实验，在实验中体验陪伴的快乐并从中学习相关的科学知识。

学生新知

大开眼界的课堂

美茵校区　二（6）班　李妍锌

我刚上完社团课，就急匆匆地赶回了教室。一进教室，发现同学们正在议论一周只有一次的家长讲堂，今天是谁的妈妈或爸爸来讲呢？讲的会是什么内容呢？"丁零零"，上课铃响了，雷老师走进教室，面带微笑地说："今天，我们很荣幸地邀请到王奕铭的妈妈给大家上课，让我们以热烈的掌声欢迎奕铭妈妈！"只见，阿姨迈着欢快的脚步走了进来，她今天穿着牛仔裙，扎着两条麻花辫，真美呀！阿姨要开始讲课了，阿姨说："我今天要讲的是科学小实验。"一听要做小实验，同学们都很感兴趣，阿姨讲了三个小实验——牛奶作画、柠檬火山、自制熔岩灯。

我最感兴趣的还是"柠檬火山"，它的材料有一个柠檬、小苏打、色素。

只见阿姨用水果刀把柠檬的一个尖儿给切了下来，接下来阿姨又把果肉给挖了出来。阿姨问："谁能把这里面的汁吸一些？"我们班的体育委员王钦平自告奋勇地说："阿姨，让我来吧！"于是阿姨让他吸了一口，他才刚吸了一口就叫道："我的妈呀，酸死我了！"全班同学哄堂大笑。最后，她在柠檬里放了一些小苏打和色素，只见一层泡沫从柠檬里流出来，哇！真像火山爆发一样，真是太有趣了！阿姨说："产生这种现象是因为柠檬汁中的柠檬酸与小苏打中的碳酸氢钠产生了剧烈的化学反应，生成了二氧化碳，也就是刚才从柠檬里冒出来的大量泡沫。"

时间过得真快呀，不知不觉就下课了，大家都依依不舍地和阿姨再见，真希望以后能多上一些实验课。

家长热议

神奇的家长讲堂

美茵校区　二（6）班　莫子璁家长

从来没有想过这辈子还能走上讲台，面对50多个可爱的孩子，当一节课的临时老师，家长讲堂让我实现了这个愿望。

得知3月17日该我去做家长讲堂，心里有点忐忑，一是从来没当过小朋友的老师，二是不知道讲什么。

讲什么好呢？怎么讲好呢？在出差的高铁上，我一直在思考这两个问题。考虑再三，我决定讲点自己比较熟悉的东西——复合材料，而且得从孩子的角度出发，要把这个课题讲得深入浅出、生动有趣。说起来容易，做起来还的确有点难度！晚上在宾馆里，我打开电脑开始做PPT，拟订题目，寻找素材，组织语言。做完以后长出了一口气，一看表才发现已经凌晨了。

17日，回到了洛阳，上午我又抽空预演了两遍，虽然我不是完美主义者，但是我真不想让自己留下遗憾。一想到这么多孩子那天真无邪的眼睛,也得认真讲好,做好这 30 分钟临时老师,给他们和自己留下一段美好的记忆。

等到上了讲台,才知道自己准备得真不够,孩子们的知识面远远超过我的想象,当想要回答问题的小手"唰唰唰"举起来时,我是既高兴又忐忑。为了让孩子们感兴趣,我结合了很多生活中常见的事物来作事例,口香糖、橡皮泥的"包袱"成功引起了他们的注意,看到他们专注的眼神,我仿佛听到了孩子们的心理活动——"这个叔叔讲的东西还有点意思"。

渐渐地我忘记了自己是个临时老师,和孩子们开心地互动,表扬一下答对问题的孩子,安慰一下想回答问题却没得到机会的孩子,讲得眉飞色舞时偷偷瞟一下莫子璁,看见他嘴角上扬着冲我挤挤眼睛,我知道这堂课我算是"合格"了。

30 分钟,我也正好讲完,待雷老师做了简短点评后,孩子们又一次为我鼓起了掌,那一刻的我感觉幸福极了!

老师这样说

家长讲堂因您而精彩

美茵校区　二(6)班　雷明

家长讲堂让我近距离感受到了家长朋友们的精彩,他们精心准备、反复修改、多次演练,只为课堂上的精彩绽放!

我能想到家长朋友们为准备一次家长讲堂的不易,读完瑾潼妈妈和子璁爸爸写的文章,更让我为可爱的他们肃然起敬!当然,也为拥有这样一批认真负责、敢于担当的家长朋友而自豪!

家长讲堂前前后后,家长们的精彩无处不在。

提前与我商讨所要讲的内容,以便讲述孩子们喜闻乐见的内容;商讨上课形式，以便更好地调动孩子们的兴趣……在交流过程中使目标更加清晰，形式更加多样。

按时赶到学校，及时填写记录单，在上课前再次梳理各个环节，做到心中有数。

走进教室，家长们一个个精神焕发，使出浑身解数，努力营造轻松、愉悦的课堂氛围。没有胆怯，只因准备充分；没有慌乱，只因心中有数……你说不紧张那是不可能的，但家长朋友们为了能在孩子们面前展示最好的一面，都能及时调整心态，笑对孩子们，也许是这灿烂的笑容瞬间拉近了与孩子们之间的距离，渐渐地，孩子们安静地聆听家长讲授，而这个积极的信号又激发了家长的热情，讲得更加投入、更加忘我！

内心的放松成就了无数的精彩。家长朋友们适时提出问题，孩子们踊跃举手发言，发言精彩之处，家长们也毫不吝啬自己的赞美，一个大拇指、一个微笑、一句热情洋溢的表扬都会让孩子们激动不已！更让我惊讶的是孩子们还能针对家长所讲内容，或提出问题，或进行补充……

这个时候，我会悄悄关注一个人，那就是这位家长的孩子。你看他，起初双手紧握，头也不敢抬一下，此时的他也替家长捏了一把汗，唯恐出现什么差错！慢慢地，你会看到他紧锁的眉头舒展开来，透过双眼，你能真切地感受到他内心的自豪感："同学们，看我的爸爸（妈妈）有多棒"！

家长讲堂也让家长感受到教师的不易，虽然只有短短半个小时，但他们往往觉得课堂不好把控，结束之后都会对我表达内心的敬佩之情！而我通过家长写的"家长讲堂之背后的故事"更清晰地感受到了家长们的不易，有了这份心灵的沟通与交流，我们彼此理解、彼此支持，为了一个共同的目标而不懈努力着！真心感谢家长朋友们，家长讲堂因您而精彩！

有趣的小实验

授课班级：美茵校区　二（6）班　家长姓名：杨柳　学生姓名：王奕铭

家长简介：

杨柳，《洛阳晚报》记者。

授课主题：

有趣的小实验

教学过程：

一、小实验：牛奶作画

所需工具：牛奶、盘子、色素、棉签、洗洁精。

步骤：盘子里倒入少许牛奶，滴入几滴色素，棉签蘸上洗洁精，放入牛奶中，可以看到各种美丽的颜色在牛奶表面迅速扩散，像一幅美丽的画。

实验原理：牛奶的密度略高于色素，所以色素加入后可以短暂漂浮在牛奶表面，加入洗洁精后，里面的表面活性剂可使牛奶中的蛋白质变性，改变了牛奶的表面张力，所以色素迅速扩散。

二、小实验：柠檬火山

所需工具：柠檬、色素、小苏打。

步骤：柠檬切去顶端，用勺子将果肉捣烂，滴入色素，再放入小苏打，可以看到彩色的泡沫源源不断地涌出。

实验原理：柠檬汁中含有大量的柠檬酸，与小苏打中的碳酸氢钠发生化学反应，产生柠檬酸钠、二氧化碳、水，不断翻滚出的泡沫就是二氧化碳。

三、小实验：自制熔岩灯

所需工具：清水、油、色素、泡腾片、空饮料瓶。

步骤：将水和油分别倒入空饮料瓶，再往瓶中滴入红色素，放入泡腾片，就能看到泡腾片溶解冒泡，推动红色的水往上涌，像火山喷发一样壮观。

实验原理：水的密度比油大，瓶子里会出现明显的液体分层现象。泡腾片通常是有机酸和碳酸钠、碳酸氢钠（小苏打）的混合物，放入水中后，发生化学反应，产生大量的二氧化碳气泡。二氧化碳气泡积聚到足够的气体时，携带着有颜色的水，冲出油水层，一直达到油的顶端，最终逸出，形成火山喷发。

四、教学互动

1. 几种色彩混合到一起，会发生什么现象？（色彩按不同比例调配，会变成另一种颜色）

2. 柠檬火山中喷发的泡沫和我们常见的什么东西很像？（可乐、雪碧等饮料充分晃动后，也会产生这样的泡沫，这就是我们通常说的碳酸饮料，其主要成分为糖、色素、香料等，除热量外，没有任何营养）

老师这样说

家长讲堂活动总结

美茵校区　二（6）班　孙洋洋

家长来自不同岗位，拥有不同的专业知识，家长资源是学校最为丰富的校外教育资源。通过家长讲堂活动，学生们学到了很多知识，家长们也更深入地了解了班级和学校。

家长讲课内容丰富、形式多样，在医院工作的家长教学生如何预防疾病，在法制部门工作的家长提醒学生提高安全意识，从事文化艺术工作的家长教孩子如何"认识美"……这种家长愿意讲、学生喜欢听的授课方式，使学生不出校园就能聆听各行各业"老师"的教导，受到学生的一致欢迎，也使老师受益匪浅。每一位家长在进课堂前都与老师沟通，并且备好课，做好课件。此类活动加强了家校联系，增进了教师和家长之间的了解，促进了学生全面发展。参与课堂授课家长的孩子，因为家长的到来，自信了很多，在学习能力和生活能力方面进步很大。

看到每一位家长写的教后反思，我十分感动，孩子们的变化我也看在眼里；另一方面，我也感受到家庭教育、家长的精神面貌对孩子的影响。有勇气走进课堂的家长，他的孩子就特别自信。家长讲堂充分发掘了家长自身的教育资源，拉近了家长与老师、家长与学生之间的距离，给家长和学生创设了一个相互交流的平台，给家长和老师提供了一次增进了解、互相学习的机会，从而促进和谐家校关系的构建和学生的全面发展。

地球、太阳和月亮

授课班级：美茵校区 二（7）班　**家长姓名**：詹献涛　**学生姓名**：詹宜铭

家长简介：

詹献涛，基础教育工作者。

授课主题：

地球、太阳和月亮

教学过程：

一、导入

同学们，你们知道为什么会有白天和黑夜吗？知道为什么会有春夏秋冬吗？知道为什么太阳出来就会感觉暖和吗？知道为什么月亮看上去那么亮吗？……通过问题的提出激发学生的兴趣。

二、讲述

带领学生观看PPT并讲解，同时提出问题，让学生带着问题听课，以便使其能够集中注意力听讲。问题如下：

1. 地球是在不停地转动吗？

2. 地球比太阳大吗？

3. 在地球上，太阳照到的地方是 ____，太阳照不到的地方是 ____。

4. 人类可以在太阳上生活吗？

5. 地球比月亮大吗？

6. 地球围着 ____ 转，月亮围着 ____ 转。

7. 在月球上，人会飘起来吗？

8. 在月球上，人能听到声音吗？

9. 在月球上有水吗？

10. 在月球上有生命吗？

三、总结

通过有奖竞答，了解学生们的掌握情况，并对有疑问的部分进行解答。或通过孩子们相互解答的方式，使大多数学生对本节课涉及的知识有清晰的认识和牢固的把握。

家长热议

走进课堂与孩子一同成长

美茵校区 二（7）班 马启尧家长

接到家长讲堂的任务，我竟不知该给孩子们讲些什么，考虑再三，决定从身边的小变化开始讲起。带着诚惶诚恐的心情以及那份责任感，特意向单位请了假，在14点40分，我准时站在了二（7）班的教室门口。

当我讲授"小苏打和白醋的变化"时，孩子们的活泼和好奇一齐爆发，一只只高举的小手，一张张期盼的小脸，被点名回答问题时的踊跃，让我久久难忘。一节课下来，口干舌燥，51个孩子都要顾及，真的不容易。作为家长，我深深地感受到老师的不容易。特别是带低年级的老师们，孩子年龄小，班级人数多，没有规则意识，这个过程的艰辛和其间遇到的困难是我们无法想象的。

参与家长讲堂的我也收获颇丰。孩子们身上散发出的那种阳光积极、上进热情的精神深深感染了我。感谢张晓茹和龚婷婷老师，给家长们搭建了这样好的一个平台，我们站上讲台，和孩子们一起成长，这样的家校沟通有创意，更有爱意！

我坚信二（7）班在张晓茹和龚婷婷老师的带领下，一定会越来越好！

中国航母梦想

授课班级：美茵校区　二（8）班　家长姓名：白叶丹　学生姓名：段君夷

家长简介：

白叶丹，龙城双语初级中学教师。

授课主题：

中国航母梦想

教学过程：

一、谈话导入，激发学生的兴趣

1. 大家都有自己的梦想，你的梦想是什么？

2. 我们的理想如此美好，今天我们来聊一聊我们13亿多中国人共同的强国梦——中国航母梦想。（出示课题）

二、观看国产航母下水视频，初步了解航母的特点

1. 观看视频。

2. 航母给你留下的印象是什么？

预设答案：

①大。

②具有巨大攻击力。

③具有良好的航海性能。

学生也可以展示自己收集的资料，全班交流。

三、聚焦"辽宁舰"，探访它不同寻常的回家之路

1. "辽宁舰"的前世：

① 1985年4月12日，"瓦格良"号在乌克兰造船厂开建。

②随着苏联的解体,"瓦格良"号停止了建造工作。

③1998年,澳门的一家公司从乌克兰购买了"瓦格良"号,踏上坎坷归国路。

④"瓦格良"号辗转多地,最终到达了大连造船厂。

2."辽宁舰"的今生:经过一番修整之后,"瓦格良"号呈现新颜。

四、你知道哪些航母小知识

五、感受祖国日新月异的变化

1.了解了中国航母的不平凡之路,再来看看我们国家自己生产的航母下水的情景,你有什么感受?

2.要想祖国更强大,我们小朋友能做些什么?

六、总结

随着中国综合国力的增强,中国会建造更加先进的航母。

家长热议

上三尺讲台与孩子一同成长

美茵校区 二(8)班 秦楚尧家长

在"爱育精彩"的引领下,学校推出了一个创新举措——家长讲堂活动。带着惶恐与责任,我承担了其中一期家长讲堂任务,在做了较为全面的思考分析准备后,我特向单位领导请了一小时假走上了讲台。

当我展开课题"小学生安全教育"时,孩子们的好奇、兴奋一齐爆发。我的讲授内容主要是围绕小学生安全教育展开,分溺水事故、交通安全、饮食安全、防火安全进行。

在这次活动中,我个人收获也颇大。走进课堂近距离了解了班级氛围,我被孩子们身上散发的那种阳光积极、文明上进的品质所感染,通过对比观察孩子们的课堂倾听及活动参与情况,我进一步了解了自己的孩子在群体学习生活中的具体情况，发现了他身上我不曾看到的一面，为我后期教育引导孩子提供了参考。真的感谢老师们为班级搭建了这样好的一个平台。

值得肯定的是学校对学生发展和儿童教育问题有着深入的思考。每一个孩子都是一个独有的世界，孩子的成长取决于和他接触的家长和老师给他营造的、直接包围着他的"教育小环境"。这个小环境的生态状况才是真正影响孩子成长的决定性因素。

家长作为和孩子接触时间最早、最长的关键人物，是"小环境"的主要营造者。家长在日常生活中、在每一件小事上如何引导孩子，几乎每一个细节都蕴含着教育机缘。

我相信班级在老师的带领下一定会越来越好！为老师的大爱喝彩！为北二分的教育理念点赞！

身边的气体

授课班级：凝碧校区 二（3）班　家长姓名：段鹏辉　学生姓名：段亦晨

家长简介：

段鹏辉是一个认真负责有担当的爸爸，对新鲜事物充满好奇，追求完美，他对孩子有足够的耐心、细心，对家人有无微不至的关怀和关心。

授课主题：

身边的气体

教学过程：

身边常见气体举例：氢气球、氦气球、液化气、天然气。

一、常见气体简介

1. 空气：空气是一种混合气体。

氧气通过人的呼吸进入肺里，与血液里的血红蛋白结合，随着血液循环，与身体各部分的组织发生作用，维持生命。

空气中的氧含量少于19%时，人会"缺氧"；空气中的氧含量多于23%时，人会"氧中毒"。

2. 绿色植物是人类的好朋友。

人类和动物的呼吸：吸入氧气，呼出二氧化碳。

植物的光合作用消耗二氧化碳和水，释放氧气。

所以我们常把植物园和森林公园称为"天然氧吧"，大家也越来越重视绿化。

二、气体安全小常识

1. 天然气和液化气的危险性。

厨房燃气管道经常检查是否有泄漏点。开火做饭时，保持厨房通风良好。

家里闻到难闻的味道，首先打开门窗通风，然后检查臭味的源头，切忌马上点火。

2. 火灾烟雾中的有毒气体。

火灾中的死亡者多数是吸入了烟尘和有毒气体昏迷而致死的。

家具、棉被、衣服、电器的燃烧都会释放有毒气体。

重视家庭消防安全：用电安全、用气安全、用火安全、灭火器用法、逃生知识。

三、气体与我们的生活

1. 液氮冰淇淋；

2. 饮品中的二氧化碳；

3. 舞台烟雾；

4. 笑气——奶油发泡；

5. 绚丽的霓虹灯。

四、展望

气体在我们的生活中无处不在，在工业生产中的应用也非常广泛，工业气体也被称为"工业的血液"。科学研究永无止境！只要我们很好地认识并掌握它们的特性，气体就可以很好地为我们服务，如果运用处理不当，也会给我们带来伤害。

> 学生新知

无私的小蜜蜂

凝碧校区　二(3)班　刘嘉鹏

我印象最深刻的家长讲堂是我们班的李怡萱家长为我们带来的一节关于蜜蜂常识的课程。别看小蜜蜂长得丑，它可是勤劳的象征。它的眼睛有三条弯弯的红条，毛茸茸的身子上有老虎一样的条纹。蜜蜂的巢大多数是六边形，蜂巢里住着不同类型的蜜蜂，在蜂巢里面储存了大量的蜂蜜和花粉。

最有趣的就是小蜜蜂采花蜜，为什么蜜蜂知道花园在哪里？因为有侦查蜂，它们就像电影里的小侦探，先找到花园再告诉其他的蜜蜂去采蜜，是不是很有趣呀！

蜜蜂的种类很多，有马蜂、虎头蜂、大黄蜂、黄蜂、红蜂……

通过这节课，我知道了蜜蜂的种类及它们的习性。今后我也要像小蜜蜂一样，学习它勤劳勇敢、无私奉献的精神。

妈妈，我为你骄傲

凝碧校区　二(3)班　郑宇琪

家长讲堂跟普通的课程是不一样的，首先，这个课程丰富多彩，并且是由家长来讲的，我很高兴有这么一个家长讲堂，它带给我们知识和快乐。

给我印象很深刻的是我妈妈讲的"学会感谢"。我看到妈妈又兴奋又骄傲，当时我很紧张，不知道妈妈会讲成什么样。后来，我发现妈妈讲得很好，同学们都认真地看着她准备的PPT，我也专心致志地看。

到了回答问题的时候，妈妈问："我们都要孝敬谁？"我还在努力地思考着，这时妈妈说："请郑宇琪来回答！"我赶忙立正站好，响亮地回答道："我们应该尊敬老师、孝敬父母。"妈妈笑着说我回答正确，还给我发了一根铅笔。

接下来，妈妈给我们讲了一个故事，她讲得很流畅、很动听，大家都听得很认真。又到了回答问题的时候，妈妈问了同学们两个问题，第一个是老奶奶活了多少岁，第二个是奶奶说得最多的两个字是什么？同学们异口同声地回答"104岁"和"谢谢"。

经过这次家长讲堂，我明白了一个道理：感谢是一种快乐，当你用这种快乐感染他人的时候，自己同样也感受着快乐。我们要感谢老师，要感谢父母，要感谢大自然。

我真期待下次的家长讲堂。

心存感恩

感恩父母

授课班级：美茵校区 一(3)班　**家长姓名**：王伟　**学生姓名**：王宗瑞

家长简介：

王伟，汽车行业从业者。

授课主题：

感恩父母

教学过程：

一、播放并讲解"爱心树"的故事，让学生在倾听之后回想故事中的大树和孩子的行为

问题设置：

1. 你听明白这个故事讲的主要内容了吗？简单复述一下故事。

2. 你觉得故事里面的大树和孩子像谁？

小结：故事里的大树就像是我们的爸爸妈妈，他们很爱我们，所以把一切能给的东西都给了我们。他们很辛苦，所以我们也一定要谢谢爸爸妈妈，说一句："我爱您！"

二、结合从出生到上学的图片，让学生感知回忆自己的成长

问题设置：这些场景你熟悉吗？想一想你的爸爸妈妈是不是也经常为你做这样的事情？

三、让学生做力所能及的家务，帮助父母

师：刚才我们听了"爱心树"的故事，也回忆了一下爸爸妈妈经常为我们做的事情，他们很辛苦，所以今天请大家回家之后帮自己的爸爸妈妈做一件力所能

及的事，表达我们对爸爸妈妈的感谢和爱，可以帮他们捶捶背、洗洗碗、拖拖地等。

四、让学生填写爱心卡片，写出对父母的爱和感恩

发给每位学生一张爱心卡片，让他们在卡片上写出自己对爸爸妈妈的爱与感恩，并且将之作为一份惊喜送给自己的爸爸妈妈。

学生新知

今天妈妈是"老师"

美茵校区 一（3）班 张钊源

今天，天气晴朗，小鸟在叽叽喳喳地叫着。终于盼来了周五的家长讲堂，今天站在讲台上的是我的妈妈。课堂上，妈妈认真熟练地和我们一起做科学小实验，同学们都积极地参与，教室里不时传来同学们的议论声和欢呼声。告诉你一个秘密：妈妈是经过反复练习后才站在讲台上给同学们做这些科学实验并获得成功的。今天，我不仅收获了知识，还明白了只有多实践、多练习才能成功的道理。

家长热议

孩子，你慢慢来

美茵校区 一（3）班 周煜媛妈妈

通过上家长讲堂，和孩子们面对面交流，我感触颇深。

本次家长讲堂是我第一次走上讲台，第一次站在讲台上同孩子们说话，既亲切又陌生。为此，我做了长时间的准备，从课件的选择到讲课过程中可能出现的情况都做了充分准备。原以为自己准备得已经很充分了，但真正讲课时才发觉还是差得太远，孩子们各种奇奇怪怪的想法令我焦头烂额。由此，我想到辛苦的老师们，每天要进行备课，每天都要面对那么多孩子，每一方面都要做到万无一失，这里面蕴含着老师们多少辛勤的汗水啊！因此，我衷心地感谢老师们，是你们的辛勤付出才有孩子们美好的每一天，孩子们才能健康茁壮地成长，老师们太伟大了！

在讲课时，我认真地观察孩子们，孩子们真的很棒，回答问题都很积极，坐姿端正，上课秩序非常好，听讲认真。看着可爱的孩子们，我感到满满的幸福，孩子们是我们的未来，是我们的希望。孩子们能够认真听讲，认真学习，将来一定能够成长为国之栋梁。

家长在关注孩子学习的同时，应同老师一起努力，紧密联系，从孩子的功课、思想状态、学习习惯等各方面抓起，建立起家长与学校沟通的桥梁，促进孩子的成长。

孩子是祖国的花朵，是父母的希望。希望通过家长讲堂，增进孩子们学习的兴趣，让孩子们接触到更多的知识，将来能够为学校争光，为国家和社会的发展做出贡献。

最后，我想对媛媛说："谢谢你，宝贝儿。谢谢你愿意等待妈妈一起成长，谢谢你给妈妈的支持和鼓励。妈妈愿意与你一同成长！"

孝心和感恩心是智慧和幸福的源泉

授课班级：凝碧校区　二（4）班　家长姓名：韩端　学生姓名：陈美泉

家长简介：

韩端，高中化学老师。

授课主题：

孝心和感恩心是智慧和幸福的源泉

教学过程：

一、导入

亲爱的同学们，你们想让自己更加智慧和永远幸福快乐吗？告诉你一个更加智慧和幸福的密码，那就是"孝心和感恩心"！

二、孝心

母亲节、父亲节和老人节你们是否回家给爸爸妈妈还有爷爷奶奶洗过脚？那时候他们是不是很开心，感到很幸福呢？看到爸爸妈妈很开心很幸福，你是不是也很开心、很幸福呢？那时你是不是觉得自己很能干、很厉害哦！能端那么大一盆水，小手还那么温暖地给爸爸妈妈洗脚！

亲爱的同学们，既然孝心这么好，我们要不要呀？（同学们回答）

给父母、爷爷奶奶洗脚是孝心，同学们说说，还有做哪些事也是孝心呢？

1. 给爸爸妈妈泡杯香香的清茶是孝心。（哦，"六一"我们班还有这样一个节目呢！当时我看了好感动，眼泪都流出来了）

2. 帮妈妈扫地和拎菜是孝心。

3. 给爷爷奶奶捶捶背是孝心。

4. 在学校尊敬老师、和同学们好好相处让爸爸妈妈放心也是孝心。

同学们说得多好啊！相信你们会做得更好，会越来越有孝心，也会越来越智慧幸福的！

下面我们聊一聊智慧和幸福的第二个密码"感恩心"。

三、感恩心

同学们，当你忘记拿铅笔了，你同桌借给你一支，你感激地说声"谢谢"，你同桌是不是很开心？你是不是也会感到很幸福？因为你有颗感恩的心！

同学们，生活中我们要感恩哪些人呢？

1. 我们要感恩父母。

2. 感恩我们的老师。

3. 我们还要感恩我们的同学……

最后我们一起读一读《弟子规·入则孝》："父母呼，应勿缓；父母命，行勿懒；父母教，须敬听；父母责，须顺承。"

四、结束

然后我们一起唱着《感恩的心》来结束今天的课吧！祝愿每个小朋友越来越智慧，越来越幸福快乐！

学生新知

我最喜欢的一次家长讲堂

凝碧校区　二（4）班　安宁馨

家长讲堂中我最喜欢杨佳好的妈妈和周佳林的妈妈讲的《我爸爸》的绘本故事，作者是安东尼·布朗。他是个英国人，插画里爸爸穿的衣服是病人的衣服，而且差不多每幅图上画的都有太阳。这是因为在安东尼七岁的时候，他的爸爸就去世了，在他爸爸还没有去世的时候，他爸爸忍着疼痛陪他玩儿，想留给他美好的回忆。那个太阳的意思是他想把爸爸的病快些治好，因为太阳可以照耀大地，他相信爸爸的病也一定能够好起来，所以安东尼就在每一页上画一个太阳。

听着听着，我都感动得哭了，安东尼的爸爸真是太伟大了，我感受到了他对孩子深深的爱和不舍。其实每个人的爸爸都是这样爱着自己的孩子的，只是他们不善于表达自己的爱。我决定，今天放学回家，一定要给我爸爸一个拥抱，感谢他一直都那么爱我！

这个家长讲堂真是太精彩了，原来一本绘本就能让我获得这么多的知识呀！

家长热议

一节家长讲堂课

凝碧校区 二（4）班 田青霖家长

记得孩子刚进入学校的时候，我第一次去开家长会，老师说要请家长走进学校，走进课堂，给孩子们上一节课。我一听就觉得这个活动非常好，作为家长，走进学校和孩子们一起上一节有趣的课，不仅了解了学校，也了解了孩子在学校的课堂情况，孩子也会因为家长的到来而更加自信。

孩子当时特别想让我早点去参加家长讲堂，那时几乎每天都会问我："妈妈你准备好了吗？你什么时候去？要早点去。"站在孩子的角度去看，妈妈来学校给同班同学上课，就像他们心里所喜欢、所崇拜的老师们一样站在讲台上上课，这是多么光荣的事呀！

当时我心里也不免有些激动，因为孩子说是按照学号排顺序，我家霖霖排第四名，也就是说很快就会轮到我了。选上课内容时，选来选去不知道哪个最好，老师说过讲故事、讲自己的工作、讲课外知识、讲科学知识都可以。但是为了能让孩子们感兴趣，不感到乏味，我反反复复地想。我是一名幼教工作者，对刚入一年级的孩子是有些了解的，孩子们都是刚从幼儿园走进小学的，心里充满了童真，充满了好奇。最后我选了科学类——"地球的兄弟"，主要讲的是八大行星。上课伊始，我先让孩子们简单地了解八大行星的位置和特点形态，然后给孩子们发彩泥让他们用灵巧的小手创造出八大行星，并摆出相应的位置。提问的时候，看到孩子们积极回答问题，看到孩子们一双双眼睛充满了期待，一张张可爱的小脸充满了智慧和自信，我突然有一种莫名的感动……当看到孩子们的作品时我感到不可思议，作品很有创意，想不到他们个个心灵手巧！

当然，我也注意到了自己孩子脸上的那种自信和自豪！

通过家长讲堂，我更加了解我们的学校，了解我们的老师，了解我们的班级，看到了孩子们的另一面。这并不是简简单单的一节课，我从中体会到了很多很多！

当孩子二年级的时候，我又去参加了家长讲堂，心情一样的激动。这次我加入了很多互动环节，就是想让每个孩子都有机会回答问题，展示自己，让每一个孩子都得到关注。时隔一年多，孩子们的变化真不小！我看到了自己孩子在班里的一些情况，也看到了其他孩子的特点和优点。我相信，在学校"爱育精彩"的理念下，我们的家长和孩子也会更加精彩！

感谢可爱又亲切的校长和老师对孩子们爱的教育！

老师这样说

你的风采

凝碧校区　二（4）班　范晓燕

家长讲堂，从开始实施到现在，已经有好几个年头了。家长们从最初的忐忑不安，不知道上什么课合适，到现在驾轻就熟，信手拈来，可谓是天大的变化。作为老师，陪着家长讲堂一路走来，看着它日渐成熟、丰富，内心的喜悦与日俱增。

犹记得家长讲堂刚开始的时候，只要轮到谁该来上课了，作为老师的我就会接到家长的电话，一遍一遍地询问自己该讲些什么，自己不会讲了怎么办，总之是各种担心、各种忧虑、各种理由想把家长讲堂给推掉。于是乎，我就各种规劝、各种安慰、各种鼓励，甚至帮助他们做好选题，以期家长讲堂能顺利进行。后来，慢慢地，家长们都不再打电话询问了，他们对于家长讲堂越来越自信了，讲课的内容也越来越丰富，他们有的结合自身的工作特点，有的根据自身的特长，有的根据学生的年龄特点，带来了不同的内容。从地球到太空，从绘画到手工，从煤炭的形成到森林的分布，大千世界，花虫鸟兽，都成了他们讲课的内容。为了保证自己的家长讲堂能够顺利进行，他们也想了很多办法，通过发放小礼物、设计小游戏、评选优秀奖等方式，调动学生的积极性，同时也使每次家长讲堂成了孩子们期待的课程之一。每周的家长讲堂，孩子们早早地就在期待着，议论着该谁来了，来的家长又会给他们带来什么。

几年的家长讲堂，拓宽了孩子们的视野。地理美景方面的内容让他们领略了世界的风光、太空的奥秘；美文欣赏，让他们懂得了如何感恩，感恩父母，感恩老师，感恩周围的一切；礼仪方面的引入，让他们知道了各种场合应该遵循什么样的礼仪，也让他们知道了怎样做个绅士或淑女……

还记得上周的家长讲堂讲的是我国的粮食分布以及粮食进口情况。通过这次家长讲堂，孩子们知道了南北粮食品种的不同，知道了我国现在很多粮食都要靠进口，这对于现在不缺吃穿的孩子来讲，是多么必要的一课呀。从那以后，孩子们在餐厅吃饭吃不完倒掉的现象明显减少了，他们都会在开吃前衡量一下，如果饭多了，会提前匀给其他同学，或者退掉一些。看着他们的变化,我知道,这是家长讲堂带给他们的变化。

家长讲堂,作为课堂的一种延伸,弥补了课堂的不足,让呈现在孩子面前的天地更加广阔无边,让孩子的思维更加多元化,愿我们的家长讲堂能坚持不懈地走下去,带给孩子们更多的变化和思考!

知识启蒙

数学中的美

授课班级：美茵校区　一（4）班　家长姓名：郝岩　学生姓名：许馨萌

家长简介：

郝岩，河南科技大学数学与统计学院教师。

授课主题：

数学中的美

教学过程：

一、创设情境，名人名言导入

课件出示华罗庚的一句话："数学是壮丽多彩，千姿百态，引人入胜的。"同时简单介绍华罗庚是我国伟大的数学家。

二、实例引出数学中的对称美

在自然界中，大凡美的东西都具有对称性，比如花卉、动物、艺术品、建筑物等。结合课件展示生活中一些具有对称性的物体，通过欣赏课件中这些精美的图片，让学生初步感受到数学中的对称美。然后，再让学生列举一些生活中碰到的具有对称美的实物，这样会提高学生的学习兴趣。讨论完之后，让学生认真总结以上这些物体共有的特点——具有对称性，以此来进一步理解数学中的对称美。

三、古诗引出数字在文学中的美

以李白的《早发白帝城》和郑板桥的《咏雪》为例，讲解数字在文学作品中的美。

课件展示古诗，并让学生一起大声诵读，读完之后，让学生自己找出古诗中出现的数字，在学生找数字的过程中，启发学生，在文学作品中，有时候灵活使用数字将会使作品变得更加形象，更加生动，更加优美！

四、名画引出数学中的和谐美

数学中的黄金分割比,被著名的大画家达·芬奇称为"神圣比例",他的名画《蒙娜丽莎》的美已被大家所公认,而这幅画的结构也恰恰满足黄金分割比。因此,由达·芬奇的名画《蒙娜丽莎》引出数学中的和谐美。课件展示名画《蒙娜丽莎》,在学生欣赏名画的过程中,引入数学中的和谐美,即黄金分割。通过这幅名画,让一年级的学生初步感受到满足黄金分割比的物体看起来很和谐、很美。介绍完这幅名画后,进一步讲解黄金分割比在摄影作品中、建筑设计中也有广泛的应用。接下来,课件展示一些满足黄金分割比的物体,让学生去欣赏、去感受,从而进一步理解数学中的和谐美。

上面我们仅仅列举了数学中的几种美,其实,关于数学的美不仅仅只限于这几种,随着知识的积累,我们将会发现更多数学的美。

学生新知

教育合力,促我成长
美茵校区　一(4)班　王雨馨

周五兴趣活动时间,是我们全年级开展家长讲堂活动的时间。家长进课堂活动,是学校的一项重点工作。在家长讲堂上,每个班级都由一位家长主讲。他们结合自身的职业特点,为我们进行相关专业知识培训;结合兴趣爱好,向我们介绍相关方面知识;结合日常生活中动手实践能力的培养,引导我们全体同学共同参与感知,提高动手能力……家长讲堂的主题讲座涉及多个角度,不仅有普及健康卫生知识、进行安全教育的内容,也有讲述环保理念、解读城市文化的……

为了讲好这堂课,家长准备得很认真,很多家长不仅制作了精美的课件和视频来辅助讲解，还结合一些小故事和时下的热点内容和我们在课堂上互动交流，35分钟的课时里，我们听得津津有味，同学们时而大笑，时而露出若有所思的表情，还不时举手提问与家长互动，这大大提高了我们的学习兴趣，教室里充满了浓郁的学习氛围。这种家长愿意讲、学生喜欢听的授课方式，使我们不出校园就能聆听各行各业"老师"的教导，受到我们一年级学生的一致欢迎，我们全班同学在老师的带领下认真倾听，积极参与，受益匪浅。

我们希望学校今后还将继续拓宽家长讲堂的平台，不断丰富讲堂内容，让更多的家长参与进来，家校携手，共谱和谐乐章！

家长热议

和孩子一起成长

美茵校区 一（4）班 于沛林妈妈

我是一（4）班学生于沛林的家长，4月23日是星期五，我参加了这一天的家长讲堂。

我步入讲堂，走上讲台，看到下面坐得笔直整齐的孩子，他们一个个睁着大眼睛，眼神明亮纯净。我当时的心情既紧张又忐忑。紧张的是我毫无教学经验，从未站到讲台上给这么多孩子讲课。忐忑的是面对这一双双充满期待和渴望的眼睛，我讲的内容他们会喜欢吗？可是，万万没想到这群孩子是那么可爱，那么聪慧，那么让人感动。他们给我以掌声鼓励，会喊"加油"；他们听得特别认真，还会提出问题让我解答；他们还会表达感谢，特别有礼貌。虽然短短半小时很快就结束了，可是真的让我意犹未尽。

孩子的反应出乎我的意料，这其中的快乐和感动不仅让我心中充满自信和欣喜，也同样感染到我的孩子。她自从得知我要参加家长讲堂，就心心念念，不时给我出谋划策，选择题目并且隔几天就追问我PPT是否做好，图片是否精美。上讲堂的前一晚，她还建议我多练几遍，要求我背熟，对我真是做到了"高标准，严要求"。当我讲完的时候，我看到我的孩子是那么自豪、开心。那一刻，作为母亲，我从心里感到愉悦。

参加完这次家长讲堂，我真心对学校的这项活动表示感谢和赞成，这真是家校共建教育的一次小聚会。家校联合才能更好地教育我们的孩子。家长资源和学校资源结合在一起，能让我们的孩子眼界更宽，知识面更广。家长讲堂通过课堂互动，增进了家长和孩子之间的感情。当我的孩子对我说"妈妈，你别紧张""妈妈，你很棒""妈妈，我们班同学都特别喜欢你讲的课"时，我能感觉到她的改变。她通过这个活动学会了认真，学会了做准备、找数据、找资料，甚至还学会了思考如何安排流程，知道了讲堂礼仪。她对外校的小伙伴说起学校的这个活动，满满都是自豪感。我感谢这个活动拉近了我和孩子的距离，增进了孩子和学校的感情。感谢老师们对孩子的关爱和照顾，我们今后会全力支持学校的各项活动。

快乐英语拼读 ABC

授课班级：美茵校区　一（10）班　家长姓名：丁洁　学生姓名：张楠梓

家长简介：

丁洁，洛阳师范学院公共外语部教师。

授课主题：

快乐英语拼读 ABC

教学过程：

Stage 1：warm-up activities

1.Greeting. Watch a finger song about family.

2.Talk about the family members.

3.Think and show your family members.

Stage 2：while-teaching activities

1.Know and spell the ABC.

2.Enjoy the video about letters.

3.Trace the letters on the blackboard.

4.Sing the letter songs.

5.Interactive activities about letter sounds.

Stage 3：After-teaching activities

1.Review about the family members by questioning.

2.Enjoy the video and emphasize the letter sounds again.

3.Give the assignments.

Five Little Monkeys Jumping on the Bed

授课班级：美茵校区　一（11）班　家长姓名：李锦焱　学生姓名：程雅萱

家长简介：

李锦焱，河南科技大学外国语学院教师。

授课主题：

Five Little Monkeys Jumping on the Bed

教学过程：

一、创设情境

师：同学们，大家晚上睡觉前都会做些什么呢？

生：刷牙，洗澡，上床睡觉。

师：今天给大家讲一个五只小猴子上床睡觉的故事，它们睡前比你们多做了一件事，我们接下来一起看图片、听故事，看看它们都做了什么，好不好？

生：好！

（向学生展示PPT，每幅图片的内容都念给学生听，并做简单解释）

师：小猴子们睡前都做了哪些事是和你们一样的呢？

生：（教师引导）take a bath, brush one's teeth, wash one's face, go to bed, put on one's pajamas.

师：小猴子们睡觉前比你们多做了哪件事？

生：（引导学生说出）jump on the bed！

师：这样做好玩吗？

生：好玩！

师：安全吗？

生：不安全！

师：大家以后会这样做吗？

生：不会！

二、播放音频，进入故事情境

引导学生注意到睡前准备工作的英文表达，如take a bath(洗澡), brush one's teeth(刷牙), go to bed(上床睡觉), put on one's pajamas(穿睡衣)；并使学生了解"在床上蹦跳"的英文表达 jump on the bed, 以及医生的嘱咐 No more monkeys jumping on the bed!

三、再次播放音频并开始跟唱、跟读

四、请个别同学到讲台上来进行动作表演

Take a bath, brush one's teeth, put on one's pajamas, go to bed, jump on the bed.

通过音频分辨出是男同学做动作，还是女同学做动作，检验学生对he/she差别的掌握。

五、总结

今天大家听了好听的故事 Five Little Monkeys Jumping on the Bed, 学会了上床睡觉前要做的事都应该怎么说。今天的绘本故事就讲到这里，下次家长讲堂再见！

家长热议

感恩的心　感谢有你

美茵校区　一(11)班　许馨泽妈妈

曾看过这样一句话："可以任性，但要领情。"如果说让孩子学会感谢、感恩是场人生修行，那么我们的陪伴将是最长久的温情。

家长讲堂——我的主题都是围绕感谢、感恩的，既是讲给孩子，也是讲

给自己。想想我们经常以大人的视角、大人的感受、大人的想法去教育孩子、引导孩子，我们自认为为了孩子放弃了很多，失去了很多。工作和生活把我们变得风风火火，变得急躁没有耐心，我们理直气壮地对孩子发飙、生气、吼叫。但是孩子却依然给了我们笑容、拥抱、亲吻。孩子感恩我们，我们更感谢孩子！孩子的世界是蜗牛般的世界，他们需要慢慢适应、慢慢探索、慢慢长大，他们有自己的世界、自己的视角、自己的态度、自己的想法，我想让我的 45 分钟是温暖的陪伴，更是长久的温情！

第一次讲"感恩的心"，要求孩子在发放的便利贴上写上感谢的话送给要感谢的人。因为没有组织好，孩子们一拥而上，我顿时不知道该怎么办了，冒了一头虚汗。幸好张老师及时帮忙组织纪律，我真切感到老师的不容易。短短 45 分钟，要讲好一节课，要组织好课堂纪律，还要孩子们感兴趣，谈何容易？最让我感动的是有的孩子把在学校得到的鼓励的小花送给我，有的写"崔老师，辛苦了！"有的给我画爱心，有的给我画小花，还有孩子把感谢、感恩的话送给张老师和金老师。当我们把孩子的爱和感谢贴在黑板上，想想孩子们不但记得感谢天天陪伴的老师，而且记得感谢这个和他们相处只有 45 分钟的我，满满的满足，满满的感动，满满的温暖，满满的温情！

这次讲"爱心树"的时候，怎么能让孩子表达对妈妈的感情？怎么能让孩子简单、安全地制作手工？我觉得鲜花代表阳光、温暖、快乐，可问题是怎么能让孩子有序、不混乱、干净地制作。我吸取了上次的经验，直接把鲜花和花托按人数分好。虽然我们增加了工作量，但是方便了孩子们。每个孩子拿到的花的颜色、数量都是相同的，这样避免了对比，避免了多少和颜色的分歧，孩子在制作的时候也不会混乱。最后每个孩子展现的都是不一样的作品，都是孩子对妈妈爱的表达，各式各样的花束是每个孩子细腻柔软的心。感谢孩子们的配合，感谢金老师和张老师的支持。看到孩子们飞扬的笑脸，我很开心。课后我的女儿给了我一个鼓励的亲吻，看着孩子开心满足的笑脸，一切努力都那么美好、有意义！

　　孩子的成长离不开很多人，孩子的教育需要更多的人。作为一名学生家长，感谢学校给了我们一个讲堂，能让我们站在讲台上和孩子近距离交流；感谢学校给了我们一次机会，能让我们的孩子看到非同寻常的父母；感谢学校给了我们一次陪伴，能让孩子感受到更多的爱、关心和关注；更感谢老师的付出，给了孩子更多的引导、教育和陪伴！

认识音符

授课班级：美茵校区 一（12）班　家长姓名：郑聪　学生姓名：赵珈颐

家长简介：

郑聪，洛阳师范学院音乐学院音乐表演系教师。

授课主题：

认识音符

教学过程：

一、音乐小游戏《打蚊子》

二、声势即兴练习

三、认识音符

四、听歌曲《咏鹅》

五、总结

通过奥尔夫音乐的教学手段，提高孩子的音乐兴趣，并通过音乐小游戏，使孩子真正体会到音符的不同和变化，对孩子进行基本的音乐知识普及。

在这节课里，我看到孩子们在音乐方面的潜力。其实，在每个孩子成长的早期阶段，对于各门学科，孩子们都有无限的潜力，但这种潜力需要教育者去发现和发掘。

家长热议

家校互动　共育精彩

美茵校区　一（12）班　赵珈颐妈妈

完成了家长讲堂，顿时感觉释然。整堂课非常成功，孩子们的兴致非常高，远远超出了我的预期。刚刚报名参加家长讲堂的时候，我的心里还是比较忐忑的，毕竟自己还从来没有给这么多的小学生上过音乐课，不知道他们是否对这些内容感兴趣，也不知道他们对音乐的理解力如何。怀着诸多的不安，我开始认真地备课，针对孩子的年龄特点，选取了特定的音乐素材。

终于，到了上课的那一天，听着动听的音乐，孩子们认真地打着节拍，每个孩子都在认真地倾听、认真地思考、认真地打拍。整节课上，孩子们自始至终都保持着极高的专注力，认真地配合我，课堂气氛非常活跃，我的课得以圆满成功。孩子们就像一个个可爱的小天使，从他们的眼中，我看到了他们对音乐的渴望，对艺术的向往。孩子们也很聪明，一节课的收获远远超出了我的想象，圆满达到了预期的效果。

小学生口才表演

授课班级：美茵校区　一（17）班　家长姓名：唐海涛　学生姓名：唐溢蔚

家长简介：

唐海涛，有 15 年的部队生活，现为人社局工作人员。

授课主题：

小学生口才表演

教学过程：

一、站姿、坐姿的训练

1. 示范法导入

做两个不同的站姿（对比明显），让学生辨别。

师：请同学们告诉老师，你们认为老师的哪个站姿正确，是第一个还是第二个呢？

2. 学生讨论

引导学生说出正确的站姿，并让学生举手说出老师的两个站姿从头到脚有什么不同。

师：下面就让老师告诉同学们怎样才能做出好看的站姿和坐姿。

二、气息的运用和训练

通过示范和引导教会学生如何控制和正确使用气息。

三、表情训练

图片引入，让学生认识喜、怒、哀、乐的面部表情并说出不同面部表情的特点。

训练一：讨厌的表情。

训练二：害怕的表情。

四、绕口令的练习

老师示范、领读，然后学生整体朗读，在语音正确的基础上训练语速，找个别学生进行示范朗读，老师进行纠正，同学之间互相听读并找出各自存在的问题并解决，交代学生在语音正确、吐字清晰的基础上提高语速。

五、结语

同学们，通过本课的学习，我们不但学习了正确的站姿、坐姿，不同的表情，还有有趣的绕口令，请同学们记住老师说的各项训练的要领，在课下认真训练，争取更大的进步。

六、作业

1. 站姿、坐姿练习；

2. 表情练习；

3. 绕口令语速练习与提高。

学生新知

家长讲堂育我成长

美茵校区 一（17）班 闫贝岩

时间过得可真快，转眼我步入小学已经一年了。这一年里，在两位老师的辛勤培养下，我学到了很多知识，同时也接触了新的课堂——家长讲堂。

第一次听到家长讲堂这四个字的时候，我在想：什么是家长讲堂呢？家长讲堂是干什么的？随着每周五各位叔叔阿姨的陆续到来，我一下子就喜欢上了这个课堂。每位叔叔阿姨都讲着精彩而各不相同的内容，在他们的课堂上，我学到了很多书本上学不到的东西，了解了很多神奇而又有趣的事情。

我印象最深刻的是朱炫睿妈妈给我们讲的"生命孕育"。听着阿姨生动的讲述，看着PPT上的震撼画面，我目瞪口呆。原来我是由3亿个"小蝌蚪"中的一员演变成一个小娃娃的，太神奇了。还有唐溢蔚爸爸给我们带来的绕口令，那叫一个绝，课堂上我们都跃跃欲试，但都快不过唐爸爸，准不过唐爸爸。

这一年来家长讲堂带给我太多太多的惊奇和欢乐，多得都表达不完，我喜欢这个课堂。

家长热议

用心灌溉，静等花开

美茵校区 一（17）班 邢雨琦妈妈

我怀揣激动的心情来到了一（17）班的家长讲堂，一进门，就被孩子们整齐的一声"阿姨好"暖化了，看着孩子们可爱的笑脸，之前的一些担心立刻消失了。

给孩子们讲课那就要贴近实际啊，由于我家孩子最近被蛀牙困扰，想来想去，就选择了"保护牙齿，从我做起"这个题目，由于孩子们还太小，给他们讲课不能太空洞，那样肯定不能吸引他们的注意力，所以就用一个小故事开头，中间穿插一些趣味提问，果然，孩子们的积极性一下子就提高了。课堂效果出奇地好，在每一个孩子的眼睛里，我看到了他们对知识的渴望，他们都争先恐后地回答我提出的每一个问题，或是讨论怎样才能保护好牙齿。

学校通过持续开展家长讲堂，为家长提供了与孩子近距离接触与沟通的机会，给了家长一个展示自己的机会，无形中也提升了家长的自身素质，家长也学会了怎样与孩子沟通，科学合理地安排好自己的教育计划，不断提高孩子的求知欲。与孩子加强沟通交流，才能让孩子走近你、理解你、拥抱你，才能让孩子更了解老师、了解父母的心情。

通过短短的半小时，我了解到老师们的辛苦，他们在教育孩子的时候付出了多少艰辛和努力，在这里我代表所有家长，说一句：老师！你们辛苦了！

播种就会有收获。家长讲堂活动开展后，每周五放学到家，我家宝贝就会和我说今天哪位家长来讲课了，讲了什么内容，她得到了什么样的小礼物。孩子非常开心能学到一些平时课堂上没有的知识，对未知的世界充满了好奇，对每周五的家长讲堂很是期待。孩子就像棵小树苗，他们正处于极需吸收营养，不断发展长大的关键时期，学校家长讲堂活动的开展，拓宽了他们的知识面，使他们学会了与人沟通，越来越懂事。让我们用心灌溉，静等花开！

家长热议

上三尺讲台与孩子一同成长

美茵校区　一（17）班　余自强爸爸

2016年，孩子进入小学一年级，我也第一次接触到学校推出的"家长讲堂"活动。走进课堂近距离了解班级氛围，我被一（17）班全体孩子身上散发的那种阳光积极、快乐活泼、文明上进的品质所感染，通过对比观察孩子们的课堂倾听及活动参与情况，我进一步了解了余自强在群体学习生活中的具体情况，发现了他身上我不曾看到的一面，为我后期教育引导孩子提供了参考。真的感谢学校和老师们，他们为班级搭建了这样好的一个平台，老师将家长请上讲台，参与见证孩子的成长，为家长树教育之威，为孩子树学习典范，这样的家校沟通，有创意，有爱意，更有效益！我相信一（17）班在老师们的带领下一定会越来越好！为学校的教育理念点赞！

老师这样说

家校合作　共创精彩

美茵校区　一（17）班　郑锋

　　家长讲堂系列活动是我校的特色活动之一，每到周五下午，孩子们对这种"不一样的课堂"都充满期待。家长讲堂上，每个班级都由一位家长主讲。

　　家长讲堂的主题涉及多个角度，不仅有安全教育内容，也有讲述环保理念，解读城市文化的，还有的家长通过小故事，对孩子们进行养成教育，可谓多姿多彩，精彩纷呈。忘不了曾有过军旅生涯的唐溢蔚的爸爸教孩子们站军姿时，那一张张严肃认真的小脸儿；忘不了赵瑞晨的妈妈讲解恐龙的种类时，孩子们脱口而出这些庞然大物的名字；忘不了于浩卓的妈妈用一双巧手教孩子们折纸那堂课上，孩子们把一张张彩纸变成"火箭"之后的自豪和激动；更忘不了马玉恒的妈妈在介绍狗的习性时，孩子们那专注的神情……

　　家长讲堂使学生们拓宽视野、增长见识的同时，也使身为教师的我备受感动，感动于家长朋友的精心准备、认真上课，感动于孩子们的求知欲和好奇心。这种家长愿意讲、学生喜欢听的授课方式，丰富了学校的教育资源，充分挖掘了家校合作的巨大潜力，促进了学生的全面发展。

　　学习是一个永无止境的过程，我将继续探寻着"爱育精彩"的教学理念，充实自己，提高自我，在学习中前行！

> 老师这样说

家长讲堂，家校共育

美茵校区 一（17）班 焦园园

我是一（17）班班主任，担任（17）（18）班的数学教学。来到北二分这所学校，我学到了很多新颖的教学方法，尤其让我感到独特的是家长进课堂——家长讲堂。

第一堂家长讲堂，迎来的是我们班王双凝的妈妈———名高校物理老师。结合自己的职业特点，双凝妈妈为孩子们讲了"作用力与反作用力"，还为孩子们带来了实验用具（橡皮筋和小车）。孩子们看到小车在无形的力的作用下缓缓移动，兴奋极了！

随后，我们班还迎来了程子嘉爸爸的"机器人"、张怡佳妈妈的"孔融让梨"、张弛渊妈妈的"三只小猪盖房子"、朱炫睿妈妈的"奇妙的生命"、张阳妈妈的"雾霾的预防"、高攀妈妈的"寿司的做法"……

家长讲堂不仅仅能够让孩子体会到家长带来的宽阔的知识面，同时也是保持家校联系的重要环节。

在提倡素质教育、推进新课程改革的今天，学校已经为加强家校沟通，以期形成教育合力而做了诸如成立家长委员会、开办家长学校、发放征求意见书、召开家长座谈会等准备。为了孩子的一切，一切为了孩子，让我们携手家校合作共建孩子美好的明天。

音乐欣赏——静听天籁

授课班级：美茵校区 二（4）班　家长姓名：张利梅　学生姓名：关智宸

家长简介：

张利梅，洛阳经贸学院学生处处长。

授课主题：

音乐欣赏——静听天籁

教学过程：

一、情境导入

1. 课前律动

《幸福拍手歌》视频导入，带领学生共同做动作表演，活跃课堂气氛。

2. 开动脑筋

①你听过这首乐曲吗？

②请说说这段乐曲是由什么乐器演奏的。

二、探索新知

聆听经典名曲，以生动灵活的形式介绍常用乐器。

三、认识我

钢琴：《致爱丽丝》；

手风琴：《西班牙斗牛》；

小提琴：《梁祝》；

二胡：《赛马》；

古筝：《浏阳河》。

四、归纳巩固

1. 猜一猜是什么

笛子、琵琶、单簧管、小号。

2. 学生表演

表演《小苹果》，欣赏萨克斯《回家》。

五、课外拓展

尝试接触一种乐器，聆听这种乐器的经典名曲。

家长热议

再说"防拐"

美茵校区　二（4）班　郭宇宸爸爸

第一次参加家长讲堂活动，我心里是非常忐忑的，毕竟从来没有站在讲台上给孩子们上过课。我认真地准备了一段时间，选择了自己比较熟悉和亲身经历的事件，主题是"小学生预防拐骗常识"。

走上讲台以后，我简单地做了自我介绍，当孩子们知道我是警察时，都显得激动而又活跃。我对他们说，如果大家今天认真听讲的话，最后我会给你们讲一个我亲身经历的案件。

这堂课就在这样轻松愉快的氛围中开始了，在孩子们求知欲旺盛的眼神中，我很快消除了心中的紧张情绪，按照预先设计的讲课思路，从孩子们身边的小事讲起，拿一个个事例来告诉孩子可能遇到的种种不安全的情况，以及怎样应对。整堂课下来，孩子们始终专注地听讲、思考，积极地发言、回答问题，让我很感动，真想把我知道的所有知识都讲给他们听。30分钟的讲授时间很短，但是却让我真真切切地感受到了作为一名教师的责任和骄傲，给我印象最深的就是孩子们那一双双明亮的眼睛，专注地看着讲台，生怕错过我讲述的每一个细节。我被这些明亮的眼睛所震撼,在讲课的过程中我有很多不尽如人意的地方,如讲课语速太快,在讲述一个案例之后应该给孩子们留下吸收、思考的时间,在更换话题时要提醒孩子注意,以免他们的思路还停留在上一个话题中;不应该总站在讲台上,要走下讲台,到孩子们身边讲课,这会给孩子们不一样的感受,提高他们的注意力。

这样的活动,让作为家长的我切身体会到了老师的辛苦和无奈,也让当爸爸的我见到了那些活泼可爱的孩子,深刻体会到了学校组织这项活动的良苦用心,希望以后还能参加类似的活动。

老师这样说

聆听 感动 坚持

美茵校区 二(4)班 袁晶晶

教育孩子是一门深奥的学问,而且仁者见仁,智者见智。一百位家长大概就有一百种教育孩子的观点和方法,从当班主任到现在两年时间过去了,每学期都有十几位家长走进教室,为孩子们带来精彩的家长讲堂,孩子们从中受益匪浅,作为班主任的我和孩子们在聆听中一起成长。

对于家长讲堂,家长们都经过精心的准备,呈现在孩子们面前的内容无疑是精彩的,有趣的,生动的……

我印象深刻的是我们班小琪的妈妈,她为孩子带来的是一堂生动的绘本赏析课,精美的PPT,流水般的音乐,兴奋的孩子们迅速安静下来,一双双求知的眼睛在好奇中探究,当这位妈妈讲完这个简短但耐人寻味的"爱心树"的故事时,很多小姑娘的眼泪都在眼眶里打转儿,那个时候我们都能感觉到孩子们纯净的内心、美好的心灵。欣赏完了这个绘本的孩子们,对爱又有了深刻的理解,不求回报的爱是多么宝贵呀!在听完《失落的一角》后,孩子们又陷入了深深的沉思,生活中我们追求完美,我们每个人都有失落的一角,接受自己和他人的不完美,肯定自己,认可自己,人的一生就是在不完美的道路上寻求完美的过程。

认识世界地图

授课班级：美茵校区 二（4）班 家长姓名：胡鹏飞 学生姓名：胡艺轩

家长简介：

胡鹏飞，洛阳理工学院教师。

授课主题：

认识世界地图

教学过程：

一、创设情境，生成问题

1. 当你早晨面对太阳时，你的后面、左面、右面分别是哪个方向？

2. 同学们认识了东、南、西、北，怎样辨认地图上的东、南、西、北呢？

二、探索交流，解决问题

1. 导入

地球表面按水陆分布，可分为七大洲、四大洋；按热量、水分和植被的变化规律，又可分为不同的自然带。这些差异都是根据自然规律划分的。但是，生活在地球上的人类，是居住在不同的国家的。你能举出你熟悉的国家和它们所在的大洲吗？各国之间有什么不同？

2. 引入

举出你熟悉的国家以及这些国家所在的大洲。哪个大洲还没有国家？为什么？

3. 展示不同类型的世界地图

4. 活动

在世界政区图上找到面积居于前六位的国家，它们分别位于哪个大洲？

5. 提问并展示解答

①你知道世界上面积最小的国家是哪个吗?

答:世界上面积最小的国家是梵蒂冈,仅有0.44平方千米。

②你知道世界上的人口大国是哪些国家吗?

答:世界上人口在1亿以上的国家有60%分布在亚洲,这其中包括中国和印度两个人口大国。

6. 举出现有的社会主义国家(中国、朝鲜、古巴、越南)

7. 发达国家与发展中国家各自的特点与区别

8. 南北之差:发达国家与发展中国家之间的经济差异

9. 地图上的国界线

美国与加拿大之间的国界线,阿根廷和智利之间的国界线。阿根廷与智利之间是以什么划定国界的?中国与巴基斯坦国界线上的界碑。未定国界。

三、探究活动

国际组织图文资料展:

目的:了解世界上各国际组织的作用等内容,增加课外知识,开阔视野。

方式:1.在本节内容学习完毕后,请学生利用课余时间搜集各国际组织的资料(包括文字资料和图片资料),用时一周。

2. 将资料汇总,以小组为单位进行资料的筛选。

3. 各小组可以将选出的资料设计成墙报,展示出来。

家长热议

撒下种子,播种希望

美茵校区 二(4)班 刘心蕊妈妈

作为一个二年级孩子的家长,我还是首次参加家长讲堂活动。因为时值春天，所以就把这次课堂主题定为"播种希望"，让孩子们将种子与希望一同种下，收获自己的一份惊喜与成果。

虽然之前做了充足的心理准备，但是走进教室的我还是紧张不已，孩子们那一张张笑脸和积极热情的掌声让我平静了许多。原以为老师会在场，没想到是我自己在教室。好吧，硬着头皮开讲吧！

先做了自我介绍，然后放了已经准备好的PPT，介绍各种小花的习性与种植的注意事项，在我讲的过程中，有的孩子可谓是"阅历丰富"，还将一些我没有讲到的品种说得头头是道。

孩子们积极提问，课堂氛围热情高涨，一群孩子像叽叽喳喳的小鸟似的，讨论着自己家里还有什么样的品种，平时自己的家人是怎么照料这些植物的，它们长什么样子，家里温度是多少……等我想把这些种植小花的方法与步骤介绍给他们的时候，却没办法让这群"小鸟"停下他们的讨论，来听听我的讲解。等到老师出现在教室的时候，场面才平静下来，这节课也在我匆匆将这些种植材料发于他们手中后结束。

通过这次的家长讲堂，我切身体会到了做老师的辛苦，也见到了孩子们在学校多姿多彩的学习生活，更进一步了解了孩子们的所思所想和孩子们求知若渴的天性。每个家长都带去不同的知识，让孩子们的知识面及视野更加开阔，愿孩子们在学习中更加茁壮地成长！

神奇的化学实验

授课班级：美茵校区　二（8）班　家长姓名：凌淑娟　学生姓名：纪成

家长简介：

凌淑娟，洛阳理工学院附中化学教师。

授课主题：

神奇的化学实验

教学过程：

一、课题引入

同学们，你们喜欢做实验吗？——喜欢。今天我跟大家一起做个实验好吗？——好。

二、实验过程

做实验前，我要给我的手消消毒，用湿巾蘸取无色液体A在自己的手背上擦拭。展示塑料刀具："我这把刀可是很厉害的，轻轻地在手背上挨一下，就能瞬间鲜血直流，大家信不信？"——不信！"不信的同学请举起你们的小手，注意见证奇迹发生的时刻！"将刀具也消消毒，用一片湿巾蘸取另一种黄色液体B擦拭刀刃。用刀在手背上一挨，瞬间变红了，极似流血！

同学们惊得目瞪口呆，女生吓得不敢睁眼睛。

几名勇敢的男生上来亲自感受"神刀"的威力，却发现怎么只流血却一点儿都不疼。

三、揭秘环节

请大家思考，这把刀真的那么厉害吗？当然不是，刀就是普通的塑料刀，关键在于给手背和刀消毒的药水，二者接触时发生了化学反应，生成了一种血红色的物质。原来不是真血啊！女生也要求来试试。其实，在影视剧里我们看到的流血镜头很多就是用这两种试剂反应后得到的，外形非常逼真，就像真实的血液一样。

我爱人民解放军

授课班级：凝碧校区　二（4）班　家长姓名：赵秋峰　学生姓名：赵怡萱

家长简介：

赵秋峰，中国人民解放军教导员。

授课主题：

我爱人民解放军

教学过程：

分两个模块，室内主要通过PPT展示，室外对学生进行简单的操队训练。

一、导入

从穿着的军装介绍，引入中国人民解放军。

二、人民解放军的各项图标标志

中国人民解放军军旗　　　　　　中国人民解放军军徽

红星象征中国人民获得解放，"八一"表示1927年8月1日中国共产党人发动南昌起义，中国人民解放军从此诞生。

三、中国人民解放军分类

四、对中国人民解放军的评价

中国人民解放军，纪律严明，作战勇敢，无论在战争时期还是和平年代，都在保卫着我们祖国领土的完整、人民的安康，是我们最可爱的人！

五、训练

带队到操场，学习标准的军姿，主要有立正、稍息、蹲下。边讲解动作要领边指导学生练习。姿势标准的奖励"好孩子"勋章并佩戴。

学生新知

想起了我爸爸

凝碧校区　二（4）班　黄云龙

本周家长讲堂讲的是安东尼·布朗的绘本《我爸爸》，在家长讲的过程中，我的鼻子一直酸酸的，听完这节课，我想到了我的爸爸。

我爸爸是开饭店的，平时工作很辛苦，每天放学接我回家后，从电动车上下来就和员工说饭店的事，而且他自己也经常顶着大太阳去给客户送饭。每天都有许多单子等着爸爸来做、来送，天天都很忙。

不料有一天，爸爸送饭时被大风吹着脸，爸爸的嘴巴变歪了。医生检查后说是中风，让爸爸在家好好休息。我希望爸爸快点好起来，也希望爸爸以后能不那么辛苦！

> 家长热议

走进家长讲堂

凝碧校区 二（4）班 许俪桐家长

秉承"爱育精彩"办学理念，我校别出心裁地组织了家长讲堂，旨在通过家长讲堂让家长们走入教室，与孩子们进行亲密的接触，也让家长对老师的职责和重担有切身的体验。家长讲堂的内容是丰富多彩，很好地补充了学生的课外知识，也增进了师生间、亲子间的感情互动，融洽了家长与老师、孩子间的关系。

我很荣幸较早地参与了家长讲堂。为了给孩子们呈现一堂有趣而实用的课程，我先搜集了一些资料，制作了精美的PPT，又在家练习了课程讲解程序。上课那天，我用略带生涩又幽默的讲解，让孩子们在轻松愉悦的氛围中了解到交通安全、校园安全、消防常识的一些基础安全知识。通过前期课件的准备到课堂节奏的把握，以及与孩子们有效的互动，我亲身体验到了老师在孩子心目中的威信以及课堂内容准备的不易。这种体验让我对老师这份职业更增添了一份崇敬和尊重。

"以爱育爱"一直是我们学校所坚持和提倡的教育理念。在学校里，老师们想方设法地给予孩子们应有的照顾与关爱。作为家长，我们更要积极配合和支持学校的各项活动安排，为了孩子的快乐成长共同努力。我们会严格注意自己的一言一行，在日常生活中用爱为孩子树立言传身教的良好榜样，让学校教育和家庭教育并驾齐驱，引领孩子们健康、快乐、全面地成长。

老师这样说

聆听窗外的声音

凝碧校区 二(4)班 申晓净

周五的家长讲堂是孩子们最盼望的时刻,家长讲堂让学生开阔了眼界,增长了见识,孩子们学到了平时接触不到的知识。

参与过家长讲堂的家长,都有很深的感触。有位家长这样说:"通过这次活动,首先,我深切地体会到了老师的辛苦,对于这一堂课,我在家准备了好久,而老师天天如此辛苦,还要顾及每个孩子的情绪,不能顾此失彼,实在是太不容易了;其次,我充分感受到课堂上的孩子多姿多彩的模样,求知欲强,喜欢学校,热爱班级,他们太棒了。"一节家长讲堂拉近了彼此的距离,家长参与其中,孩子们收获知识,老师们感动满满。

每次打过家长讲堂放学铃,孩子们也不愿离去。他们是多么渴求新鲜的知识,他们对世间的一切都充满了好奇,希望爸爸妈妈们都踊跃参加,身临其境地感受一下老师的不易和孩子的努力,积极配合学校和老师进行有效的家庭教育,给予孩子更多的关怀,让我们的孩子聆听窗外的声音。

中国青铜器艺术与欣赏

授课班级：凝碧校区 二（4）班　家长姓名：罗薛媛　学生姓名：赵艺罗

家长简介：

罗薛媛，洛阳市劳务派遣中心工作人员。

授课主题：

中国青铜器艺术与欣赏

教学过程：

一、激情导入，揭示课题

1. 先来欣赏一组图片（播放图片），感受青铜器的魅力。

2. 听着悠扬的音乐，看着一幅幅图片，我们仿佛回到了遥远的时代——青铜时代。今天，我们就一起走进青铜时代，去认识了解一下青铜器。

3. 通过提问"在什么地方见过青铜器"导入新课。

二、青铜器的含义及历史发展

1. 青铜器是用红铜与锡或铅的合金制造的器物，它原来的颜色是金黄色，由于长期腐蚀，表面生成一层青绿色的锈，所以被人们称为"青铜器"。

2. 中国青铜时代大约有1500年的历史，经历了夏朝、商朝、西周至春秋时期。

3. 讲"禹铸九鼎"的传说。

三、重点欣赏几件青铜器

欣赏青铜器"后母戊方鼎""四羊方尊"。介绍这些青铜器的造型、纹饰及铭文等，使学生了解更多关于青铜器的艺术特点。（讨论交流）

四、介绍青铜器的种类及用途

1. 青铜器的种类非常多,包括礼器、酒器、水器、乐器、兵器、炊器、食器、度量衡器等,几乎遍及古代生活的各个方面。

2. 重点介绍食器、水器、酒器都有哪些,了解青铜器的造型特点、用途和它们的作用。

五、总结

我国的青铜器,有的体积庞大,有的小巧精致,许多青铜器的上面还有记录历史的铭文和精美的纹饰。它们就像一幅幅美丽的立体图片,让人赏心悦目。在我国与世界各国的文化交流中,青铜器是最受欢迎的展品之一。世界上著名的博物馆,大都收藏有中国的青铜器。青铜器就像一颗璀璨的明珠,在中国文化史上放射出灿烂的光辉。

六、课后作业

1. 什么是青铜器?它产生在哪个年代?
2. 青铜器的分类、用途和作用是什么?

学生新知

家长讲堂,不一样的课堂

凝碧校区　二(4)班　赵艺罗

如果有同学问我:"现在你最喜欢学校的哪门课?"我会毫不犹豫地告诉他:"我最最喜欢学校开设的家长讲堂!"我为什么这么喜欢?让我来慢慢告诉你。

它可以丰富我的知识,课堂上同学们的父母讲的都不是我们课本上的知识,有关于谜语的,有关于绘本的有关于历史的,还有关于部队的……这些都是我们在课堂上没听过的,我们学到了很多课外知识,这对我们以后的学习大有帮助。

它激发了我的学习兴趣。每次上家长讲堂讲课的人都非常吸引我们。通过它，我们了解了大自然的奥妙、科学的神奇，还有悠久的历史……许许多多的东西还需要我去学习掌握，我长大了也要做一个知识渊博的人。

它让我体会到了家长的付出。为了给我们班讲好一堂课，外婆提前好多天在搜集有关资料，在家里准备了好长时间，不停地练习，直到自己满意为止，真的为我付出了很多，我非常感谢她。

我非常喜欢家长讲堂，我希望我们学校一直有家长讲堂，让我们更加快乐地成长，成为一个全面发展的人，成为一个对国家有用的人！

家长热议

我的家长讲堂感悟

凝碧校区　二（4）班　张宁家长

"妈妈，老师说下周让你去家长讲堂。"儿子用稚嫩的童声传达着老师的信息。虽然早就知道学校开展了这项活动，自己也非常赞成，但心情还是蛮忐忑的。

我回到家就立即打开电脑，进入到紧张的筹备活动中，也偷偷对镜子练习了无数次。从小就特别羡慕老师可以骄傲地站在讲台上，这次的家长讲堂活动岂不是圆了我儿时的梦想？想到这里还有点莫名的小兴奋。

终于到了这一天，我带着精心准备的课件和道具准时出现在二（4）班的教室门口，在登上讲台的那一刻我还是有点紧张的。当看到孩子们友善的目光和稚嫩的小脸时，我紧张的心情才得以平复。简短的自我介绍后，我就开始了精心准备的科学小实验。孩子们目不转睛地盯着我，一双双渴望知识的大眼睛闪闪发光。我突然感觉特别有成就感，毕竟是小孩子，还是蛮好应付的。正当我暗自窃喜的时候，有孩子开始提问题了。接着无数张小嘴都开始了，我立即被淹没在这稚嫩的童声中，顿时束手无策。好在两位班主任及时帮忙维持纪律，让我顺利完成这节课。

突然觉得这三尺讲堂是那么的不容易。感谢老师毫无怨言地付出，非常庆幸二（4）班有两位负责任的班主任老师。真心地对二位老师说一声："你们辛苦了！"我也由衷地感谢学校的各位领导以及老师能够策划这样的活动，提供这样的机会，让我们这些家长可以走进学校，走上讲台，参与和见证孩子的成长，拉近彼此心的距离！

在"爱育精彩"的教育理念下，我相信孩子们在这个"爱"的大家庭里会越来越好，越来越棒。真诚地为学校、为二（4）班、为这个"爱"的大家庭喝彩！